América

Monteiro **LOBATO**

Monteiro
LOBATO

IDÉIAS DE JECA TATU

EDITORA GLOBO

© Editora Globo, 2008
© Monteiro Lobato
sob licença da Monteiro Lobato Licenciamentos, 2008

Todos os direitos reservados.

Nenhuma parte desta obra pode ser apropriada e estocada em sistema de banco de dados ou processo similar, em qualquer forma ou meio, seja eletrônico, de fotocópia, gravação etc. sem a permissão dos detentores dos *copyrights*.

Edição: Arlete Alonso (coordenação), Cecília Bassarani e Luciane Ortiz de Castro
Edição de arte: Adriana Bertolla Silveira

Consultoria e pesquisa: Marcia Camargos e Vladimir Sacchetta
Preparação de texto: Margô Negro
Revisão: Márcio Guimarães de Araújo e Página Ímpar
Produção editorial: 2 Estúdio Gráfico
Direção de arte: Adriana Lins e Guto Lins / Manifesto Design
Projeto gráfico: Manifesto Design
Designer assistente: Nando Arruda
Editoração eletrônica: Susan Johnson

Créditos das imagens: Acervo Cia. da Memória (página 16); Arquivo Família Monteiro Lobato (página 8); Biblioteca Guita e José Mindlin (página 12 e 15).

Dados Internacionais de Catalogação na Publicação (CIP)
(Câmara Brasileira do Livro, SP, Brasil)

Lobato, Monteiro, 1882-1948.
Idéias de Jeca Tatu / Monteiro Lobato. — São Paulo : Globo, 2008.

ISBN 978-85-250-4548-5

1. Crônicas brasileiras 2. Jornais brasileiros — Seções, colunas etc.
3. Jornalismo — Brasil I. Título.

08-05550   CDD 869.93

Índices para catálogo sistemático:
1. Crônicas jornalísticas : Literatura brasileira 869.93

1ª edição, 2ª impressão

Editora Globo S.A.
Av. Jaguaré, 1.485 – Jaguaré
São Paulo – SP – 05346-902 – Brasil
www.editoraglobo.com.br
monteirolobato@edglobo.com.br

SUMÁRIO

8 Monteiro Lobato

11 Obra adulta

12 A coragem de sermos nós mesmos

23 Prefácio da 1ª edição

24 A caricatura no Brasil

40 A criação do estilo

48 A questão do estilo

54 Ainda o estilo

60 Estética oficial

68 A paisagem brasileira

72 Paranóia ou mistificação?

78 Pedro Américo

86 Almeida Júnior

96 A poesia de Ricardo Gonçalves

102 A hostefagia

110 Como se formam lendas

118 A estátua do Patriarca

126 Sara, a eterna

130 Curioso caso de materialização

136 Rondônia

148 *Amor imortal*

156 O saci

162 Arte francesa de exportação

166 A mata virgem, Mr. Deibler e Zago

170 Em nome do silêncio

174 *Royal-street-flush* arquitetônico

180 As quatro asneiras de Brecheret

184 Arte brasileira

190 Antônio Parreiras

196 Um romancista argentino

202 Um grande artista

210 Os sertões de Mato Grosso

216 O Vale do Paraíba – diamante a lapidar

222 O rei do Congo

230 O radiomotor

236 Hermismo

240 Um novo *frisson*

246 Cartas de Paris

252 A conquista do azoto

258 Bibliografia

Monteiro Lobato

Monteiro Lobato por J.U. Campos

Homem *de múltiplas facetas, José Bento Monteiro Lobato passou a vida engajado em campanhas para colocar o país no caminho da modernidade. Nascido em Taubaté, interior paulista, no ano de 1882, celebrizou-se como o criador do Sítio do Picapau Amarelo, mas sua atuação extrapola o universo da literatura infanto-juvenil, gênero em que foi pioneiro.*

Apesar da sua inclinação para as artes plásticas, cursou a Faculdade do Largo São Francisco por imposição do avô, o Visconde de Tremembé, mas seguiu carreira por pouco tempo. Logo trocaria o Direito pelo mundo das letras, sem deixar de lado a pintura nem a fotografia, outra de suas paixões.

Colaborador da imprensa paulista e carioca, Lobato não demoraria a suscitar polêmica com o artigo "Velha praga", publicado em 1914 em O Estado de S. Paulo. *Um protesto contra as queimadas no Vale do Paraíba, o texto seria seguido de "Urupês", no mesmo jornal, título dado também ao livro que, trazendo o Jeca Tatu, seu personagem símbolo, esgotou 30 mil exemplares entre 1918 e 1925. Seria, porém, na* Revista do Brasil, *adquirida em 1918, que ele lançaria as bases da indústria editorial no país. Aliando qualidade gráfica a uma agressiva rede de distribuição, com vendedores autônomos e consignatários, ele revoluciona o mercado livreiro. E não pára por aí. Lança, em 1920,* A menina do narizinho arrebitado, *a primeira da série de histórias que formariam gerações sucessivas de leitores. A infância ganha um sabor tropical, temperado com pitadas de folclore, cultura popular e, principalmente, muita fantasia.*

Em 1926, meses antes de partir para uma estada como adido comercial junto ao consulado brasileiro em Nova York, Lobato escreve O presidente negro. *Neste seu único romance prevê, através das lentes do "porviroscópio", um futuro interligado pela rede de computadores.*

De regresso dos Estados Unidos após a Revolução de 30, investe no ferro e no petróleo. Funda empresas de prospecção, mas contraria poderosos interesses multinacionais que culminam na sua prisão, em 1941. Indultado por Vargas, continuou perseguido pela ditadura do Estado Novo, que mandou apreender e queimar seus livros infantis.

Depois de um período residindo em Buenos Aires, onde chegou a fundar duas editoras, Monteiro Lobato morreu em 4 de julho de 1948, na cidade de São Paulo, aos 66 anos de idade. Deixou, como legado, o exemplo de independência intelectual e criatividade na obra que continua presente no imaginário de crianças, jovens e adultos.

OBRA ADULTA[*]

CONTOS

- **URUPÊS**
- **CIDADES MORTAS**
- **NEGRINHA**
- **O MACACO QUE SE FEZ HOMEM**

ROMANCE

- **O PRESIDENTE NEGRO**

JORNALISMO E CRÍTICA

- **O SACI-PERERÊ: RESULTADO DE UM INQUÉRITO**
- **IDÉIAS DE JECA TATU**
- **A ONDA VERDE**
- **MR. SLANG E O BRASIL**
- **NA ANTEVÉSPERA**
- **CRÍTICAS E OUTRAS NOTAS**

ESCRITOS DA JUVENTUDE

- **LITERATURA DO MINARETE**
- **MUNDO DA LUA**

CRUZADAS E CAMPANHAS

- **PROBLEMA VITAL / JECA TATU / ZÉ BRASIL**
- **FERRO / VOTO SECRETO**
- **O ESCÂNDALO DO PETRÓLEO /**
  GEORGISMO E COMUNISMO / O IMPOSTO ÚNICO

ESPARSOS

- **FRAGMENTOS / OPINIÕES / MISCELÂNEA**
- **PREFÁCIOS E ENTREVISTAS**
- **CONFERÊNCIAS, ARTIGOS E CRÔNICAS**

IMPRESSÕES DE VIAGEM

- **AMÉRICA**

CORRESPONDÊNCIA

- **A BARCA DE GLEYRE - VOLUMES 1 E 2**
- **CARTAS ESCOLHIDAS - VOLUMES 1 E 2**
- **CARTAS DE AMOR**

[*] *Plano de obra da edição de 2007. A edição dos livros teve como base a publicação das Obras Completas de Monteiro Lobato da Editora Brasiliense de 1945/46.*

A coragem de sermos nós mesmos

Capa da 1ª edição, 1919

Abarcando uma gama diversificada de temas, das artes plásticas à literatura, estética e mitologia, passando por uma originalíssima reflexão sobre a guerra, este livro tem como fio condutor a defesa intransigente da brasilidade. Lançado na esteira do sucesso de *Urupês*, enfeixa 35 textos, sempre provocativos, a maioria dos quais publicada na grande imprensa. Editado pela *Revista do Brasil*, veio com um erro de tipografia no título da primeira impressão, onde o Jeca foi grafado com um "G" – o que, de resto, não afetou o interesse do público. "A saída desses dois livros decepcionou-me às avessas", escreveu o autor a Godofredo Rangel, em 30 de dezembro de 1919, referindo-se a *Idéias de Jeca Tatu* e *Urupês*. "Tirei de ambos 8 mil e antes que os jornais falassem vendo 4.500!... Já estou promovendo nova tiragem. Vendo-me como pinhão cozido ou pipoca em noite de escavalinho."

O volume abre com "A caricatura no Brasil" que, segundo Lobato, padecia pelas crescentes restrições à liberdade de expressão, sobretudo quando o alvo era o governo. O leitor récebe informações sobre os ilustradores Angelo Agostini, Bordalo Pinheiro, Voltolino, Yantok e J. Carlos, que deixaram seus traços de crítica bem-humorada em publicações do período como *Revista Ilustrada, Besouro* e *O Malho*.

Logo adiante, com "A questão do estilo", têm início os ataques ferinos típicos da pena de Lobato. Com seu agudo olho clínico, ele denuncia o ecletismo das construções e do estatuário dos jardins públicos inspirados nos modelos importados, um costume incentivado pelo mecenas José de Freitas Valle, cujas poesias em francês assinava sob o pseudônimo de Jacques D'Avray. "Por mais que nos falsifiquemos e nos estilizemos à francesa, Tomé de Sousa e os quatrocentos degredados berram no nosso sangue; Fernão Dias geme; Tibiriçá pinoteia e Henrique Dias revê o seu pigmentozinho de contribuição", adverte. Como antídoto à prática do plágio e da cópia sugere a inclusão do folclore entre as disciplinas dos cursos do Liceu de Artes e Ofícios de São Paulo, instituição formadora do imaginário da época.

O mesmo senador José de Freitas Valle, vítima predileta de suas estocadas, reaparece inúmeras vezes. No divertido "Estética oficial" Lobato contesta o Pensionato Artístico, que de 1912 a 1930 manteve em centros europeus estudantes de artes plásticas e de música com bolsas do governo. Comandado por Valle, ele contribuía, na perspectiva lobatiana, para "desnacionalizar" as jovens vocações. "Pega o Estado no rapaz, arranca-o da terra natal e dá com ele no Quartier Latin, com o peão da raiz arrebentado", ironiza o futuro pai da Emília. Em seguida, em outro artigo, Lobato refuta o conjunto escultórico implantado por Zago no Jardim da Luz, por influência do onipresente Freitas Valle. "De Vila Mariana, a refulgente, saiu esta solução", registrou ele, referindo-se ao bairro onde ficava a chácara do todo-poderoso detentor das verbas artísticas oficiais.

Já em *"Royal-street-flush arquitetônico"*, o proprietário da Villa Kyrial, salão artístico-literário que funcionava como uma espécie de secretaria informal da cultura, é responsabilizado pela vitória de Ettore Ximenes no concurso para a escolha do monumento ao centenário da Independência a ser erguido nos jardins do Ipiranga, em detrimento de Nicola Rollo e de Victor Brecheret. O projeto apresentado pelo escultor siciliano é tido como frio, sem grandeza, sem um sopro de genialidade nem fulgor de concepção, recheado de esfinges e leões alados, florões, piras e outros enfeites irrelevantes: "Destituído de uma idéia central, diretora, que enfeixe em harmonia de conjunto todas as partes, abunda, por isso, em detalhes vazios de qualquer significação". O deputado e poeta Freitas Valle é novamente citado em "Curioso caso de materialização", impagável diálogo do escritor português Camilo Castelo Branco que, reencarnado em plena capital paulista, surpreende-se com os modismos franceses dos *"diners chics" kyrialescos* – em mais um neologismo cunhado pelo criador do Sítio do Picapau Amarelo.

14 IDÉIAS DE JECA TATU

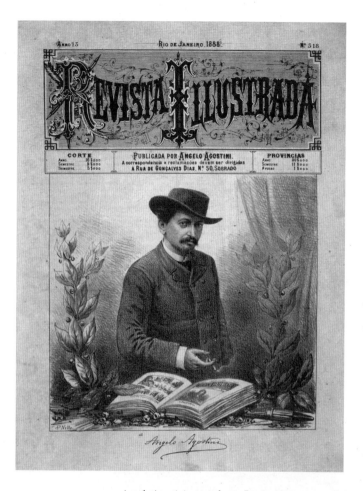

Angelo Agostini retratado por Pereira Neto na capa da Revista Ilustrada de 13 de outubro de 1888.

Chamado de paladino da nacionalização por M. Deabreu, articulista do *Correio de Minas*, Lobato cita o exemplo de Wasth Rodrigues que, apesar de ter vivido na Europa como bolsista, procurou adaptar as técnicas aprendidas no exterior às exigências do nosso ambiente tropical. "Vai penetrar o sertão, estudar os segredos dos verdes agrestes, senhorear o tipo e o modelado das árvores, apanhar os tons e relevos da terra...". No campo pictórico, ele ainda discorre sobre Pedro Américo, o autor do *Grito do Ipiranga*, Almeida Júnior e seu *Caipira picando fumo*, além de Antônio Parreiras e Anita Malfatti. Esta, no polêmico "Paranóia ou mistificação?", é retratada como vigorosa, inventiva, fora do comum. "Entretanto, seduzida pelas teorias do que ela chama de arte moderna, penetrou nos domínios de um impressionismo discutibilíssimo, e pôs todo o seu talento a serviço de uma nova espécie de caricatura", afirma. Da "plêiade vanguardeira", Lobato contraditoriamente salva o argentino Cesáreo Bernaldo de Quirós: "Isso porque, libérrimo, soube desabrochar a sua fortíssima e ousadíssima personalidade de escol até a máxima plenitude. Não sofre a restrição da nacionalidade".

Freitas Valle, o mecenas da Villa Kyrial

Nesta obra variada e pouco uniforme, ele também menciona o admirável espírito missionário de Cândido Mariano Rondon, o oposto do rei Leopoldo II, da Bélgica, que, tendo explorado o Congo Belga em benefício próprio, era considerado um dos soberanos mais inescrupulosos da história. A sua verve sarcástica encontra-se em "Sara, a eterna", uma "diatribe cômico-sádica sobre a atriz que vinha de amputar a perna", nas palavras do pesquisador Humberto Marini, que define de "policárpicas", quer dizer, ingênuas, as teorias de Lobato de como redimir o esgotado Vale do Paraíba. A ineficiência dos órgãos federais, em especial o Ministério da Agricultura, volta em "A conquista do azoto", onde ele ensina o valor do nitrogênio para recuperar a qualidade da terra empobrecida.

O viés profético, ou melhor, cientificamente visionário do escritor vem à tona quando ele antevê o motor atômico, concretizado a partir de 1945, bem como na fábula sobre uma arquibancada móvel da qual se assiste aos conflitos bélicos de lugar privilegiado, que Marini compara à cobertura da CNN na Guerra do Golfo, quase um século depois. Através de *Idéias de Jeca Tatu* podemos ainda conhecer suas teses sobre literatura, tanto nos versos de Ricardo Gonçalves, colega de juventude precocemente morto, como no aplauso complacente à estréia do amigo José Antônio Nogueira. Sintonizado com a América Latina, consegue tecer um panorama do país vizinho desde José Hernández, autor do poema *Martín Fierro*, de 1872, até o então contemporâneo romancista Manoel Galvez. Mas será em "Arte brasileira", elogio à conferência de Sebastião Arruda sobre o caipira e ao recital do cantor João Pernambuco com modinhas de Catulo da Paixão Cearense, ambos no Teatro São José, em São Paulo, que Lobato faz sua profissão de fé contra o "pastiche", ao questionar: "Quando nos virá a esplêndida coragem de sermos nós mesmos, como o francês tem coragem de ser francês, e o inglês a de ser inglês, e o alemão a de ser alemão? Quando? Quando?".

Marcia Camargos

IDÉIAS DE JECA TATU

Dedicatória

A
MARTIN FRANCISCO,
PERSONALIDADE FEITA HOMEM

este grito de guerra contra o macaco[1].

---

[1] *Na 1ª edição não vem esta dedicatória. Nota da edição de 1946.*

Prefácio da 1ª. edição

Uma idéia central unifica a maioria destes artigos, dados à estampa em O Estado de S. Paulo, na Revista do Brasil e em outros periódicos. Essa idéia é um grito de guerra em prol da nossa personalidade... A corrente contrária propugna a vitória do macaco. Quer, no vestuário, a cinturinha de Paris; na arte, "aveugle-nés"; na língua, o patuá senegalesco. Combate a originalidade como um crime e outorga-nos, de antemão, o mais cruel dos atestados: és congenialmente incapaz duma atitude própria na vida e na artes; copia, pois, ó, imbecil!

Convenhamos: a imitação é, de feito, a maior das forças criadoras. Mas imita quem assimila processos. Quem decalca não imita, furta. Quem plagia não imita, macaqueia. E o que os paredros do "dernier cri" fazem não passa de caretas, guinchos, pinotes de monos glabros em face dos homens e das coisas de Paris.

– Macaquitos, então?

– Upa! Macacões!

Jeca Tatu, coitado, tem poucas idéias nos miolos. Mas, filho da terra que é, integrado vive no meio ambiente, se pensasse, pensaria assim. Justifica-se, pois, o título.

A caricatura no Brasil

Anda para cinco meses que abrir um jornal vale tanto como abrir um porco de ceva, tal o bafio de sangue que escapa dos telegramas, das crônicas, de tudo. Ora, isto afinal engulha e sugere passeios por veredas afastadas do matadouro, onde os pés não chapinhem em lama de sangue nem se repastem os nossos olhos na rês humana carneada a estilhaços de obus.

Diga-se, por exemplo, da caricatura, maldade velha que nasceu quando o animal que ri farejou no repuxo dos músculos faciais um meio de matar às claras – matar moralmente, já se vê. E que nasceu na Grécia para veículo dum sutil alcalóide de nome *eironeia*, do qual foi Sócrates um hábil manipulador. E desde então nada se forrou a esse veneno – nem homens, nem deuses, nem cavalos. O que sucedeu a Pégaso deve ser dito a todas as alimárias de quatro pés ou dois, para lembrete da inanidade das prosápias cavalinas.

Não valeu a Pégaso ser um Moisés hípico, abridor de fontes a coices; nem lhe valeu honrá-lo Apolo com os seus divinos fundilhos, no dia em que de visita a Baco o encavalgou em pêlo, com as nove musas à garupa. Nem lhe valeu a glória de puxar o carro da Aurora. Irreverentes homens de Atenas caricaturaram-no de asno enfeitado com asas de ganso, a tropicar pelo cabresto dum Belerofonte manco e amarrotado dum tombo recente.

Zeus, lá do Olimpo, não gostou da brincadeira e esbrugou o cavalo magnífico em mil pedaços, estrelejando com eles o céu na zona compreendida entre a constelação de Hércules e a dos Peixes. Mas o seu avatar asinino cá ficou na terra, murcho de orelhas, atido à prebenda de levar ao Parnaso, no trote, os meninos que ali pelos 18 anos quebram pés a versos e correm a chorar sonetos no colo da boa Polínia todas as vezes que brigam com a namorada.

Depois de Pégaso, Júpiter.

Um discípulo de Apeles pintou uma tela humorística de grande voga: *Júpiter parindo Baco*. De mitra à cabeça, o deus dos deuses esquece a serenidade e berra como descompassado ilota da Lacônia, pondo em dobadoura as deusas ali reunidas com paninhos, bacias e mais farragem obstétrica.

E de Jove para cá ninguém mais teve imunidades. Descerre quem for curioso as cortinas da História e espie dentro das Épocas – das oxigenadas como a Renascença às pestíferas como aquele sanioso Ano Mil de lúgubre memória – e lá verá a Caricatura latindo contra todas as prepotências do farisaísmo de mil caras.

Lá verá, na Alemanha, Holbein, curvo sobre a prancha de desenho, a saracotear os esqueletos da *Dança macabra* – meio de provar aos papas e reis que eles também morriam. Mais adiante, na Flandres, verá Ostade, Dow, Teniers e tantos outros bonachões flamengos ocupados em pintar mazelas sociais com um chiste mais gordo que ferino. Na França a caricatura publicava-se na pedra das catedrais. Além-Mancha, Hogarth satirizava as coisas inglesas em águas-fortes cheias de confusas intenções e subintenções.

Os lerdos veículos da época – "folhas volantes", quadros, pedras de catedral – muito coarctavam a humana ânsia de rir e ferretoar por meio do desenho. À mutuca da Caricatura estavam faltando asas. Deu-lhas um dia Gutenberg. Desde então se viu a Caricatura sagrada a quarta arma de guerra do pensamento humano – e nunca mais correu calmo o sono dos reis, dos ministros, dos Falstaffs, dos Gerontes, dos Lovelaces, dos Ferrabrazes, dos Bertoldos, dos Brummeis e do nosso velho amigalhão, o Conselheiro Acácio.

E a árvore cresceu e engalhou-se pelo mundo, inundando-o de folhas periódicas. Entre estas primou na França o *Charivari*, onde as vespas eram o grande Daumier, Philippon, Grandville e Traviés, servidos no texto por um mestre de polpa, Balzac. Gavarni também aparece ali na fase mais vibrátil de seu gênio amigo de perambular pelos bastidores da alma humana.

Por essa época ocupava o trono da França, ainda quente das nádegas de Napoleão, um rei eclético, sobre cuja coroa o Parlamento enterrara uma cartola. O formato da cara gorda de Luís Filipe fez-lhe muito mal, a ele, à dinastia e ao ecletismo. Lembrava uma pêra. Quem deu pela semelhança foi Philippon e logo o *Charivari* abriu campanha. De cem modos o caricaturista ajeitava no desenho as reais bochechas como o bojo da pêra e o resto da cara como o pescoço. A semelhança revelava-se estupenda. Era pêra e era o rei.

Luís Filipe não gostou. O *Charivari* foi chamado aos tribunais, onde o libelo apareceu instruído de quanta pêra sediciosa as autoridades puderam reunir com estilo ou assinatura de Philippon.

O desenhista defendeu-se com socrática ironia, apresentando aos juízes uma demonstração gráfica na qual, partindo-se do retrato do rei e prosseguindo por uma série de desenhos intermediários, chegava-se a uma bela pêra *angevine* – do que a natureza, não ele, tinha culpa. A carranca do tribunal desfez-se em sorriso. Assombro! Se ria Temis, salvo estava o caricaturista e condenado o rei. Mas era preciso consolar o rei – e Philippon recebe uma penazinha pró-forma.

Foi pior. Recresceu a campanha periforme. Publicando a sentença condenatória, o *Charivari* dispô-la tipograficamente em forma de pêra, de modo que a própria sentença do tribunal virasse caricatura do rei. O público babou-se.

Daumier pelo seu lado prosseguiu na *scie*. Creio que é dele uma paisagem de vacas no pasto, todas de costas para o espectador; o traseiro delas, ou "escudo" em anatomia bovina, simulava uma pêra de engenhosa parecença com a bela *angevine* real. E foi da polpa de tal pêra que saiu a revolução de 1848. A caricatura revelou-se tremenda, quando manejada pelos Daumiers, pelos Gavarnis, pelos Chams.

Na Inglaterra, o *Punch* – o *Charivari* britânico.

O *Punch* é um *whig* de inalterável bom humor, cujos trajes de polichinelo escondem a farda dum polícia de costumes. Foi nele que Thackeray empalhou a fauna inteira dos esnobes do *Snob Papers*, criando um verdadeiro museu da mentira social, não só inglesa como humana.

Desses precursores da caricatura saiu toda a legião atual. Não há país onde a caricatura não vice em folhas periódicas como um gênero de primeira necessidade, indispensável ao fígado da civilização. Como a ironia e o chiste não são plantas vulgares, e porque o rirmos uns dos outros é da higiene humana, custeia cada povo as suas mutucas – os seus caricaturistas – como as cortes medievas, por fome de lirismo, cultivavam poetas oficiais de Pégaso arreado à porta para pulinhos ao Parnaso em dia de anos do rei ou nascimento de algum principezinho. E em nada se estampa melhor a alma de uma nação do que na obra de seus caricaturistas. Parece que o modo de pensar coletivo tem seu resumo nessa forma de riso.

A Alemanha, pelo *Lustige* e o *Fligend Blatter*, os mais típicos, ri o grosso riso germânico, todo pletoras, mas sempre denunciador dum chope preliminar. No *Simplicissimus* de Munique, porém, a Alemanha não ri – arreganha, com impaciências coiceiras dum Mefistófeles peado na ação. Os anelos informes de uma Alemanha nova que ouviu e digeriu as falas de Zaratustra bosquejam andaimes ali.

Tudo muda, transpostos os Vosges. A França ri como os artríticos já grisalhos em uso das doses máximas de iodureto. Não mais a ferocidade canibalesca do 1789, nem o riso ressoante a clarins do Primeiro Império. Um riso que é apenas sorriso. A França sorri de si, dos alemães, do mundo inteiro, vincando esse sorriso dum ar cansado de rês gorda que um truculento magarefe traz de olho.

Compulse-se o *Le Rire*, palco onde tentam rir todas as gerações desovadas do *Charivari*. De Hermann Paul, o Maupassant da expressão fugidia, ao rabelaisiano Léandre; de Willette, cuja filosofia ácida transparece sob a roupagem dos pierrôs, a Forain, cruel varejeira do "amor parisiense" em perpétuo esvoaçar pelas alcovas no afã de espetar alfinetes no *mâle* que entra e sai e na *femelle* que fica; de Guillaume, que molha o lápis em Creme Simon e só está à vontade nos salões elegantes em borboleteios sobre espáduas femininas, a Huard, o paisagista da alma provinciana, todos riem e sorriem sem alegria íntima, como que tomados da canseira de uma cultura que já cruzou os limites da saúde e começa a derrubar as primeiras pétalas.

É o riso verde.

A Inglaterra, pelas gaifonas do eterno *Punch*, ri entre dentes, sem tirar o cachimbo da boca. Laiva-lhe o imperceptível jogo dos músculos faciais um ríctus muito do carnívoro entaliscado no tríplice açamo do casamento, do *cant* e da Bíblia. E não há outro riso possível num povo que cultiva o orgulho como os velhos holandeses cultivavam tulipas; que possui a Índia e passa fome debaixo das pontes; e que sabe extrair do livro sagrado um alicerce moral para cada apetite – do que o levou a apontar o bacamarte ao peito dos bôeres ao que o fez apanhar a lança de Dom Quixote para sacudir dos ombros da Bélgica as unhas dum apetite mais cru que o seu.

A alma italiana entremostra-se na caricatura a arquejar entre os escombros irremovíveis do passado e as ânsias insofridas de uma era nova fulgurada aos olhos da plebe pelo eterno reflorir dos Gracos. Em face do Vaticano mora o *Asino*, especializado em morder nas frascarices da batina e nas transigências da Coroa. Pelo *Fischietto*, o *Pasquino* e os mais o italiano não ri para rir, fazendo arte pela arte, como na França, nem desfere as apopléticas gargalhadas do alemão; ri com intenções construtoras, por negócio, enfitando em mente uma Itália rebrotada de colônias e mercados novos – e já com o Trentino no bolso.

Da Rússia diz-nos a sua caricatura de como se extremam uma civilização quase francesa e uma barbárie quase mongólica.

Já na América ressalta a feição negocista da caricatura ianque. *Judge*, *World* e *Life* parecem grelos da mesma empresa, uma Cartoon Works Mg. Co. Ltd., aporfiada em manter no humorismo o tom *greatest of the world*. Não afina a ironia pelos moldes gregos renascidos na França; caldeia-a nas fornalhas do *business* para comento das grandes lutas entre os trustes e o Estado. Tio Sam, de cartola felpuda bandada de estrelas, grandes bicos no colarinho, calça apresilhada aos pés, disputa, de mãos nos bolsos, com o atarracado John Bull, quando não arenga e puxa as orelhas aos mexicanos de chapeirão. Para Tio Sam é mexicano tudo quanto vegeta do Canal à Terra do Fogo.

Esquecia-nos Portugal.

Este país viveu largo tempo vida de antiquário, sopesando uma formidável ruma de glórias. E não descerrava o sobrecenho de medo que lá se lhe quebrasse o aprumo e viesse tudo por terra. Só a glória de Camões já esmagava Portugal. E havia ainda o Gama, o Condestabre, Pombal, o Lidador. E a história dum cento de Albuquerques terríveis. E a Índia. E Adamastor... As cariátides não riem quando o peso que suportam é muito grande, e Portugal imobilizara-se à beira da Europa feito cariátide sopesadora de formidáveis glórias.

Se de quando em longe este ou aquele irreverente arriscava algum frouxo de riso, o "psiu!" ambiente gelava-lhe a careta. E, se não bastasse, vinha a dose de estadulho – panacéia de uso externo de que os portugueses abusaram mais do que o lombo humano admite. E ainda havia o Limoeiro...

Esta sisudez chegou até o *Primo Basílio*. Por essas alturas cerrou fileira a famosa plêiade de cujos risos procede o Portugal moderno. Ramalho Ortigão e os mais espadaúdos cobriam a frente, brandindo paus ferrados. À retaguarda vinham Oliveira Martins e o corpo de pontoneiros prepostos a reconstruir. E a Idéia Nova foi sacudida no ar como um cobertor vermelho às ventas dum touro. A peleja foi dura. O campo da batalha ficou inçado de coisas em pandarecos. A maior vítima foi o Conselheiro Legião, Acácio de nome. O Conselheiro era meio Portugal e o descer-lhe as calças em público foi terremoto de maiores conseqüências que o que destruiu Lisboa. Depois da *Morte de Dom João* ninguém morreu com maior solenidade.

E no terreno assim desbravado a caricatura floriu viçosa. Surge Bordalo Pinheiro no *Antônio Maria* e no *Pontos nos ii*, as publicações humorísticas que forneceram o riso a varejo ao sabor do paladar do público renovado.

E entre nós?

Numa história geral da caricatura a história da nossa terá meia página, se tanto. E explica-se a míngua. Enquanto colônia, era o Brasil uma espécie de ilha da Sapucaia de Portugal. Despejavam cá quanto elemento anti-social punha-se lá a infringir as Ordenações do Reino. E como o escravo indígena emperrasse no eito, para aqui foi canalizada de África uma pretalhada inextinguível. Até a vinda de Dom João o Brasil não passava de índio e mataréu no interior e senhores, feitores e escravos nos núcleos de povoamento da costa, muito afastados entre si e rarefeitos. Em toda essa fase o Brasil não dá de si nenhum bruxuleio de arte.

E assim vai até que um tranco de Napoleão dá com o rei de Portugal para cima do Rio de Janeiro. Apesar da pressa com que arrumou as malas, Dom João VI trouxe todos os ingredientes para uma boa implantação aqui: fidalgos de orgulhosa prosápia, nobres matronas, almotacés, estribeiros-mores, açafatas da rainha, vícios de bom-tom, pitadas de arte e ciência e mais ingredientes básicos de uma monarquia preposta a pegar de galho.

Infelizmente nenhum caricaturista acompanhou o transporte de tanta caricatura para as terras do Novo Mundo. Insanável lacuna! Que maravilhosos temas a época fornecia!...

Uma arrebicada corte do Velho Mundo armando tenda no pátio de uma colônia correcional, entre rumas de pau-brasil e caixas de açúcar; a turba das pretas minas a rodeá-la com grandes beiços caídos e maiores olhos arregalados; um tucano espia da jiçara próxima os futuros aproveitadores do seu papo. O caricaturista para estas cenas devia ser Heat Robinson...

Que quadros! Lá na França, o Corso. O vento sacode a Península Ibérica, atravessa a Espanha e chega a Portugal. A corte é sábia. Resolve fugir. Encaixota o trono. Embarca apressada.

O Estado, esse monstro de truculenta onipotência, pirâmide com esbirros e meirinhos na base e um rei no topo, desmanchado em peças, desparafusado, a enjoar, como qualquer embarcadiço de primeira viagem, dentro de brigues e fragatas comboiados por navios de guerra ingleses...

Os navios chegam. Lançam âncoras. Começa o desembarque. Os guindastes descem engradados, caixas e caixotes. Carroções pegam daquilo e arrancam no trote. Num seguem as peças do Poder Moderador. Outro leva as peças da Ministrança. Outro leva os tribunais estrouvinhados, de pijama, barba recrescida e chinelas, ainda pálidos do enjôo do mar.

A Casa da Suplicação vem desmontada; as peças de vulto seguem em carretas; as mais delicadas, em lombo de pretos. A Soberania Nacional, coitadinha, desembarca numa padiola;

está muito doente, nem sangue, com ares de tuberculosa. Açafatas consoladoras rodeiam-na e dão-lhe a tomar água-de-melissa para o nervoso. Que é que a pôs assim? O raio do Napoleão.

Atrás vem uma megera a desatar o nó de uma venda que tem nos olhos e a mancar dos quartos. Seguem-na molecotes carregando uma balança de fiel entortado por um tranco. A Justiça?

Uma das traquitanas do Elias Lopes conduz a passo uma múmia que ressona beatificamente. É no mínimo o Instituto Histórico.

Duas juntas de bois puxam em zorra um megatério empalhado: as Ordenações do Reino. E no carro que segue vem o cofre de segredos onde dormem as Razões de Estado – lubrificante sem o qual os governos perecem.

Pelo cais tosco de madeira pilhas de bagagem aguardam transporte. Há baús dessas fitinhas, rodelas e estrelas com que dum chapeleiro enriquecido os governos fazem um sólido comendador, um bonito barão. Há vasos com plantas exóticas para o Novo Mundo: num deles viça o Aulicismo, que na nova pátria se aclimará ainda melhor que o café.

O Beija-Mão, a Rainha e o Protocolo já chegaram ao palácio do Elias Lopes, e lá estão ao espelho, a comporem-se.

Passa agora o Rei.

Como as ratazanas de bordo desfizeram durante a travessia o pálio, substitui-o o enorme guarda-sol do Ouvidor hospedeiro. Vem muito abatida a Real Majestade, a suar grosso, com as mãos gorduchas procurando endireitar as amolgaduras da coroa; na testa traz o vinco azedo das más digestões. Não consegue digerir o General Junot. Um fidalgo passa por ele, de cigarro à boca. O soberano, ofendido, argúe com acrimônia:

– Senhor Barão, onde para a etiqueta?

O fidalgo toma o lembrete muito ao pé da letra.

– Saberá Vossa Majestade que ainda está a bordo – e lá segue saltitante.

O Rei enxuga o suor da testa e suspira. Mas logo adiante o seu rosto se ilumina ao receber de Elias Lopes um régio presente: a chave da sua quinta, a melhor coisa do Rio de Janeiro.

– Já tenho onde dormir, ora graças! – exclama Dom João num bocejo.

O desembarque do Estado prossegue até alta noite. Suas entranhas entremostram-se no desembarcadouro de madeira – seus cenários de papelão, os sarrafos dos bastidores, as bacias e vassouras, as caçarolas e os caldeirões de cozinhar os angus políticos.

O Fisco – um canzarrão tremendo de dentuça arreganhada – é conduzido no açamo por vários meirinhos.

Na lufa-lufa do embarque em Lisboa muita peça se quebrou, outras caíram ao mar, outras ficaram esquecidas lá no palácio. Perderam-se sobretudo muitos parafusos e porcas, e disso veio que ao armar-se novamente o Estado ficou meio bambo, frouxo de mancais e perro.

Entre as coisas avariadas pela água do mar apareceu a Urna – a Urna das Eleições! Remendaram-na como puderam, mas nunca funcionou a contento nas terras do Brasil. Algo essencial se perdeu na travessia.

Dois frasquinhos de drogas homeopáticas ninguém descobriu onde paravam: um com a Noção do Dever, outro com a Noção da Responsabilidade.

Concluído o desembarque, deu-se começo à arrumação provisória – esse primeiro contato entre o povo da Terra de Santa Cruz e o alporque monárquico transplantado. Distribuíram-se as peças por aquele Rio de Janeiro. Era preciso acomodar a fidalguia da Casa Real. O Conde dos Arcos vai para a rua do Sabão. O Marquês das Aduelas vai para a rua da Pipa. A cidade pintalga-se inteira de brasões reluzentes.

A famosa quinta do Elias Lopes está em grosso tumulto de arranjos, enquanto a realeza gravemente come o seu primeiro jantar na América. O Rei trava relações com o tutu de feijão e gosta; já a Rainha assusta-se com a travessa de bananas-de-são-tomé assadas.

Dois mordomos confabulam apreensivos.

– E o trono? Onde meter a tipóia?

Há vacilações. O Rei percebe do que se trata e com a boca cheia de lombo resolve:

– Aqui mesmo, ao pé do guarda-comida.

Finda a janta, o primeiro arroto real ecoa. Dom João, contente, de papo cheio, os pés já metidos no chinelão e o corpo num chambre de seda com as quinas bordadas a matiz, sorve goles de café... e assina a Declaração de Guerra à França, precursora de nossas futuras declarações de guerra à Alemanha.

Ah, Gavarni!... Nós é porque somos um povo de bezerros melancólicos. As lombrigas e as doenças do fígado matam-nos de tristeza. O remédio é rir e não rimos, porque não sabemos rir, porque temos medo de rir, porque somos o animal que não ri, apesar de termos em casa material até para o riso de Rabelais. Onde melhor tema de opereta do que no *intermezzo* de Dom João? Ou neste maravilhoso quatriênio em que, desenvolvendo um tema imaginado por Calígula, o Brasil realizou o consulado de Incitatus?

Pois apesar dessa riqueza de temas a caricatura só lá em meados de Pedro II é que entrou a germinar aqui, com sementes trazidas da Itália por Angelo Agostini. Esse artista desembarcou com uma pedra litográfica a tiracolo e muita coragem no coração. Olhou e viu em torno pouco mais que um vasto haras onde se faziam experiências de misturas étnicas. Havia a mucama, a mulatinha, o negro do eito, a negra do angu, o feitor, o fazendeiro, o *Jornal do Commercio*, dois partidos políticos, o Instituto Histórico e um neto de Marco Aurélio no trono, a estudar o planeta Vênus pelo telescópio do palácio.

O feitor embaixo deslombava os negros; a mucama no meio educava as meninas brancas; a boa intenção de chambre lia os *Vedas* no original.

Aquela curiosa ilha da Barataria encantou Agostini. Era um viveiro de temas de riqueza sem-par. E ele alugou escritório e fundou a *Revista Ilustrada* – primeira manifestação do desenho humorístico e satírico entre nós. A voga da revista foi grande a ponto de permitir que durante longos anos o desenhista vivesse do produto das assinaturas, sem necessidade de recorrer à "cavação", arte que iria ter o seu esplendor na República.

Não havia casa em que não penetrasse a *Revista*, e tanto deliciava as cidades como as fazendas. Quadro típico de cor local era o fazendeiro que chegava cansado da roça, apeava, entregava o cavalo a um negro, entrava, sentava-se na rede, pedia café à mulatinha e abria a *Revista*. Os desenhos bem-acabados, muito ao sabor da sua cultura e gosto, desfiavam ante seus olhos os acontecimentos políticos da quinzena. O rosto do fazendeiro iluminava-se de saudáveis risos. "É um danado este sujeito!", dizia ele de Agostini.

E ali na rede ele "via" o Império como nós hoje vemos a História no cinema. Via Dom Pedro II de chambre, a espiar o céu pelo telescópio; um ministro entreabre o reposteiro e mete a cara para falar de negócios públicos; o Imperador, sem desfitar as estrelas, resmunga enfadado: "Já sei! Já sei!".

O fazendeiro gozava-se.

Depois, crítica ao Ministério. O Barão de Cotegipe, de grosso nariz recurvo, era figurado de mil maneiras, todas relembrativas de sua habilidade política. Às vezes aparecia como o "leão da fábula" açambarcando o melhor bocado. Outras vezes, como "macaco velho" que não metia a mão nas cumbucas dos Liberais.

Zacarias de Góes e Vasconcelos, Martinho de Campos, Lafayette Rodrigues com a vesguice exagerada num grande bugalho de olho, Dantas, Sinimbu, os paredros de galões dourados e os de galões vermelhos, tipos de rua como o Castro Urso ou o Príncipe Natureza, artistas estrangeiros que aportavam ao Rio, polêmicas pela seção livre do *Jornal do Commercio* – toda a história da corte se desenhava ali, rezando as alegorias e os subentendidos por forma muito entradiça olhos adentro. Um ministério abolicionista em certo lance: é a "barca do Estado" tripulada pelos ministros e singrando em mar revolto; um ferra as velas; o Presidente do Conselho firma o leme; à proa emergem ameaçadoramente os clássicos rochedos de Cila e Caribde, com as feições duras do Andrade Figueira e do Conselheiro Paulino, os próceres da escravidão. O país compreendia sem esforço e gostava.

Pelo entrudo, tréguas à política; a *Revista* dava-se inteira ao Carnaval – e eram préstitos intermináveis a calear-lhe de alto a baixo das páginas, combates de laranjinhas de cheiro, famílias de pretos encartolados de rumo à rua do Ouvidor sob a risota espremida das meninas janeleiras.

Disso resultou termos na coleção da *Revista Ilustrada* um documento histórico retrospectivo cujo valor sempre crescerá com o tempo – tal qual aconteceu com os desenhos de Debret e Rugendas. A boa acolhida da folha de Agostini provocou o nascimento de novas, sem que nenhuma conseguisse vingar. Entre elas citaremos o *Besouro*, onde Bordalo Pinheiro tentou rastrear sendas inéditas, implantando aqui a caricatura à pena em moda no Velho Mundo. Não pegou. O povo, muito afeito ao esfuminho de Angelo Agostini, não compreendia outra forma de desenho. O *Besouro* morreu de inanição.

Entre a *Revista* e o *Besouro* reinou boa camaradagem no começo; andaram mesmo às beijocas; depois brigaram, arregaçaram as mangas e mutuamente se quebraram as caras – nos desenhos. O fim dessa luta merece citação. Bordalo figurou a *Revista* como um relíssimo engraxate de calças pelas canelas e, depois de muito esmoê-lo, pintou-se, a ele, Bordalo, de vassoura em punho, varrendo com o engraxate, mais a caixa e as escovas para fora do papel. "À margem, por indecente e sujo!" era a legenda.

No número seguinte da *Revista* Agostini revidou com muita felicidade: "Obrigado, *Besouro*. Sabemos reconhecer que as margens são o único lugar limpo dessa folha".

Estas polêmicas deliciavam as fazendas, do chefe da família à petizada. Era de ver o magote de guris em redor da folha desdobrada no assoalho, à noite, à luz do lampião de querosene, o mais taludote explicando a um crioulinho, filho da mucama, como é que o Zé Caipora escapou às unhas da onça.

E nessa vida feliz, sempre amimada pela opinião pública, foi vivendo a *Revista Ilustrada* até que com o advento da República faleceu. Agostini ainda tentou mais tarde ressurgir no *Dom Quixote*; mas ou porque já estivesse com a veia esgotada ou porque a intolerância dos governos marechalícios lhe tirasse a liberdade, *Dom Quixote* viveu o que vivem hoje as nossas revistas de piqueniques. E no campo deserto ninguém apareceu a retomar-lhe o lápis.

Os começos da República foram horrivelmente agitados e mazorqueiros. Era o militarismo com todas as suas incompreensões e brutalidades. Por fim o equilíbrio civil foi voltando e a caricatura começou mais uma vez a ensaiar as asas. A litografia já tinha saído da moda, substituída pelos novos processos da gravura fotomecânica, e pipocaram tentativas de folhas humorísticas, todas muito precárias. Morrem e ressuscitam. Insistem. Teimam. Procuram interessar o público indiferente e inculto. Os desenhos são ingênuos e destituídos de qualquer valor; em geral dois bonecos um defronte do outro e embaixo um diálogo, tão adequado aos dois figurões como a outros quaisquer. Por fim aparecem Calixto e Raul.

Vemo-los prestarem o concurso de seus lápis a todas as tentativas do periodicismo humorístico, e a eles cabe a façanha do nosso Renascimentozinho caricaturesco, bem como a paternidade indireta, por sugestão e exemplo, dos caricaturistas que aparecem daí por diante. Das folhas por eles lançadas ou em que colaboraram, a maioria faliu; uma delas, *O Malho*, vingou e prosperou. Para isso teve de fazer-se profundamente popular.

Os desenhos do velho *O Malho* resumiam-se em grupos de políticos evidentes com um diálogo em calão embaixo. Pinheiro Machado, Antônio Azevedo, Nilo Peçanha e Pires Ferreira aparecem de corpo inteiro, uns diante dos outros, sempre de perfil. "Então, seu Pinheiro, desta vez a coisa vai!" – "Se vai! Ou vai ou racha!" – "Não fosse você Machado..." – "Não brinca, menino, olha lá!"

Esta maravilhosa invenção trouxe para a revista os tostões de todos os guarda-freios da Central, todos os chefes de linha, todos os estivadores, carroceiros, motoristas ou porteiros ligados a algum paredro pelo fio do voto.

Outro recurso não menos engenhoso foi o cultivo da amizade de todas as bandas de música, grêmios disto ou daquilo, sociedades recreativas, irmandades da opa – todos os grupos associados em torno de uma idéia ou dum peru, com o fim de propagá-la ou comê-lo, eternizando-se em seguida fotograficamente. *O Malho* publicava essas fotografias. Eram o meio indireto de sustentar a vida dum pouco de caricatura. Esse congregar amigos pelo país inteiro à custa de publicar-lhes a tromba, sublinhando-as com um elogio, tem algo de gênio.

"Vinde a mim, garçons de hotel de Pilão Arcado e Bebedouro, estafetas, caixeirinhos, irmãos de São Benedito, guardachaves, motoristas, todos que soletrais e colheis os primeiros frutos da escola pública republicana; ajudai-me a viver que vos divertirei na altura do vosso gosto. As camadas altas assinam

L'Illustration e riem pelo *Fantasio*. Nada a esperar delas. Vinde a mim, protegei-me, que em troca vos darei histórias do Chantecler (Pinheiro Machado), retratos do Antônio Silvino e desenhos dos nossos caricaturistas."

Se hoje temos Voltolino, Yantok e tantos mais, e sobretudo esse J. Carlos que encheu toda uma época e pôs a arte da caricatura no Brasil a par dos velhos países cultos, devemo-lo à grande idéia d'*O Malho*, de satisfazer as ingenuidades estéticas do poviléu.

Mas há uma coisa que impede o crescimento e a plena floração da nossa caricatura; a restrição cada vez maior da liberdade de crítica ao governo. E sem liberdade da mais ampla a caricatura fenece como a gramínea que tem sobre si um tijolo. Perde a clorofila. Descora.

Dá um esparguinho branco...

A criação do estilo

A propósito do Liceu de Artes e Ofícios

Não vem dos grandes mestres das artes plásticas a feição estética de uma cidade. Vem antes de humildes artistas sem nome – do marceneiro que lhe mobilia a casa, do serralheiro que lhe bate o ferro dos portões e grades, do entalhador de guarnições e molduras, do fundidor, do estofador, do ceramista, de quantos direta ou indiretamente afeiçoam o interior da casa urbana. Como tais obreiros são numerosíssimos, dilata-se-lhes a zona de influência. Sai-lhes inteirinha das mãos a casa popular, como ainda a burguesa, e em boa parte o palacete rico. Apreende-se claro a força do profissional anônimo atentando para o Rio de Janeiro, cidade plasmada pelas manoplas calosas dum mestre-de-obras que, sendo legião, é um só, tão uniformemente imprimiu em tudo o cunho mazorral da sua pouca finura em arte. Se em menino esse mestre atravessasse uma escola bem orientada, onde lhe desbastassem a gafeira grossa, que maravilhosa não seria a capital do Brasil!

Uma vez que é assim, curar da educação artística do operário, ensinando-lhe o bom gosto, desabrochando-lhe o senso da arte, norteando-lhe o impulso da criatividade, é dar moldes indeterminados, mas individualíssimos, à cidade futura.

É, portanto, criar estilo.

Estilo é a feição peculiar das coisas. Um modo de ser inconfundível. A fisionomia. A cara.

Não ter cara é um mal tamanho que as cidades receosas de criá-la própria importam máscaras alheias para fingir que têm uma.

É o que sucede na boa terra onde Amador Bueno quase foi rei.

Envergonhada de apresentar-se ao mundo como a natureza a fez, afivela no rosto máscaras exóticas na intenção de "parecer bem" aos pataratas. Tal qual o botocudo, para cuja estesia o supremo requinte é deformar o beiço com patacões de madeira, ou o maori zelandês que lanha as faces, arabescando-as de riscas inconcebíveis, e vai, debruçado no espelho das águas, extasiar-se com a lindeza.

Faz como eles a Paulicéia. Adota todas as máscaras à venda no mercado, confundindo beleza natural com maquiagem maori.

Quando Anatole France andou por cá, mostramos-lhe os nossos monumentos, na certeza de que o homem, pelo menos, entreabriria um centímetro de boca.

Mas o requintado artista só torceu o nariz.

– Já vi isto mil vezes.

– Onde?

– Em toda parte, Europa, Bombaim, Port-Said... – Por gentileza não completou a frase: por toda parte onde o homem desmente Darwin, permanecendo macaco.

De quanto viu só lhe interessaram velhas igrejas. Descobriu nelas uma arte ingênua, porém mais eloqüente que o esperanto arquitetônico da avenida Paulista.

Nossas casas não denunciam o país.

Mentem à terra, ao passado, à raça, à alma, ao coração. Mentem em cal, areia e gesso, e agora, para maior duração da mentira, começam a mentir em cimento armado.

Dentro dum salão Luís XV somos uma mentira com o rabo de fora. Porque por mais que nos falsifiquemos e nos estilizemos à francesa, Tomé de Sousa e os quatrocentos degredados berram no nosso sangue; Fernão Dias geme; Tibiriçá pinoteia e Henrique Dias revê o seu pigmentozinho de contribuição.

Basta que no Trianon, entre flores exóticas, encasacado à francesa, conversando em *argot*, comendo *foie gras* de Nantes, ouvindo versos d'Avray, aspirando perfumes de Fre Val, sonhando passeatas chiques pelo Bois de Boulogne e comentando a política de Briand ou a derradeira peça de Bataille, passe na rua um cafajeste gemendo no pinho o *Luar do sertão*, para que o Brummel se remexa na cadeira, perca o aprumo, quebre a linha, estale o verniz, arregale o olho e denuncie a mentira viva que ele prega em oito ou dez avós vaqueiros, açucareiros ou tropeiros que lhe circulam no sangue.

Nosso mobiliário dedilha a gama inteira dos estilos exóticos, dos rococós luisescos às japonesices de bambu lacado. O interior das nossas casas é um perfeito prato de frios dum hotel de segunda. A sala de visitas só pede azeite, sal e vinagre para virar salada completa.

Cadeiras Luís XV ou XVI, mesinha central Império, jardineiras de Limoges, tapetes da Pérsia, "perdões" da Bretanha, gessos napolitanos, porcelanas de Copenhague, ventarolas do Japão, dragõezinhos de alabastro chinês – tudo quanto o negociante de miçanga importa a granel para impingir ao comprador boquiaberto.

Objeto de cor local, coisa nossa, promanada naturalmente da terra, só o coronel, o doutor ou o amanuense – senhores-meninos daquele presepe.

Por fora, a mesma ausência de individualidade. Acantos gregos, curveteios lombricoidais do *art nouveau*, capitéis coríntios, frisões de todas as Renascenças, arcos romanos e árabes, barrocos, rocalhas – o cancã inteiro das formas exóticas.

Que lembre a terra, nem um trinco de porta.

Como é diferente a casa dos povos capazes de individualidade!

Na casa holandesa o estigma local começa no telhado e desce aos mais humildes utensílios de cozinha. Tudo nela cheira à raça; o jardim com a sua tulipa, os móveis esculpidos, os ornatos, os quadros – tudo é emanação da terra, criação lógica do ambiente.

No lar britânico o inglês está dentro duma moldura natural; nada destoa da sua psíquica fleumática de pirata enriquecido.

Na casa nipônica, que maravilhosa harmonia entre a gaiolinha incapaz na aparência de resistir às brisas mas que agüenta terremotos e o japonês de aspecto frágil mas que derrancou o russo!

A China tem o seu estilo.

O americano impõe o seu, filho do *big*, do ferro e do milionarismo; e com o estilo "missionário", haurido nas velhas igrejas e conventos da era espanhola da Califórnia e do Texas, dá hoje ao mundo uma forma superior de arte.

Só nós nos condenaremos a viver sempre em *garni*?

A causa disto reside na incultura.

Como não nos educam o gosto e não nos ensinam a ver, não temos a bela coragem do gosto pessoal.

O próprio brasileiro culto, saído duma casa de ensino superior, não distingue um cromo berrante da mais sugestiva marinha de Castagneto. Isto explica por que o nosso homem culto, quando dinheiroso, bem aparafusado na vida e preponderante no mundo político, se vai comprar um objeto d'arte olha ansioso para o nome do autor e só por ele se guia.

Incultura nos incultos; meia cultura nos cultos; esnobismo infrene nos "entendidos" e cubice paranóica nos paredros supremos; eis o quadrado dentro do qual a feição estética da cidade evolui.

Estilo não se cria, nasce. Nasce por exigência do meio.

Ora, num meio incapaz desta exigência, compete aos artistas provocá-la, criando o estado d'alma propício.

E que artista é capaz disso?

O anônimo, o artista legião – só ele.

Está pois nas mãos dum estabelecimento como o Liceu, já perfeitamente radicado, criar o estilo da cidade, criando o artista-operário capaz de estilo.

Basta para isto incitá-lo à independência, ensiná-lo a olhar em torno de si e a tirar da natureza circunjacente os assuntos das composições, o motivo dos ornatos, a matéria-prima, enfim, da sua arte.

Feita a semeadura, as messes virão com o tempo fartas e consoladoras – e teremos assegurado um futuro menos incaraterístico do que o presente macacal.

Esta orientação só pode partir do Liceu. Ramos de Azevedo e Ricardo Severo são, mais que dois nomes, duas forças propulsoras no campo da estética. Podem exercer na massa anárquica do meio paulistano a influência de Arinos nas letras.

Arinos enfrentou a corrente desbragada da francesia; mostrou como era grotesco o pastiche invasor, contrapondo-lhe uma obra profundamente racial.

Ramos e Severo possuem a autoridade moral e o valor necessários para tarefa semelhante.

São homens-bandeiras.

Ricardo Severo já se desfraldou. Em conferência na Sociedade de Cultura Artística, das mais belas pela forma e a mais fecunda em sugestões de quantas ali se leram, plantou o marco de uma Renascença.

E foi além.

Transpôs o passo difícil que vai da teoria à realização. Vários palacetes surgem por aí, filhos desse ideal.

Tomou das velhas igrejas as linhas do estilo Colônia, coou-as através do seu temperamento artístico, reviveu-as, deu-lhes elegância e adaptou-as com rara mestria à habitação moderna. Os projetos das casas Júlio de Mesquita, Numa de Oliveira e tantas outras valem pelo dealbar dum fulgurante renascimento arquitetônico. Outros arquitetos seguem-lhe a orientação. Roberto Simonsen em Santos e aqui Dubugras e Jorge Przirembel já possuem belas coisas no gênero.

Os óbices opostos a esta corrente pelo sorriso palerma do esnobismo, pela careta alvar da ignorância, pelas injunções da moda, pelo mau gosto, pela paspalhice do enricado de casca grossa são tremendos, mas não insuperáveis.

A corrente há de engrossar e vencer.

No Liceu, a seção de modelagem, por exemplo, tem elementos para influenciar fundamente o gosto popular. Aquelas primorosas terracotas de Bertozzi e seus alunos, onde, por enquanto, só figuram faunos, ninfas, sátiros e bacantes, poderão penetrar em todas as casas burguesas como portadoras da infinidade de temas nacionais menosprezados.

Há em derredor de nós todo um eldorado de temas virgens; mas a máscara afivelada pelo mau gosto empece-nos a visão. Passamos por eles sem os enxergar. Fábula do galo e da pérola.

Um caso: possuímos um satirozinho de grande pitoresco que ainda não penetrou nos domínios da arte, embora já se cristalizasse na alma popular, estilizado ao sabor da imaginativa sertaneja: o saci.

No entanto, para animar os gramados do Jardim da Luz, importamos nibelungos alemães, sacis do Reno!...

Temos ninfas, ou o correspondente disso, puramente nossas; a Iara, a Mãe-d'Água, a Mãe do Ouro. Temos Marabá, a perturbadora criação indígena – mulher loura de olhos azuis, filha de estrangeiro e mãe aborígine, pelos nativos desprezada e odiada como inimiga natural. Temos caiporas, boitatás e tantos outros monstros cujas formas inda em estado cósmico nenhum artista procurou fixar.

Se há nas matas uma riqueza inaudita de motivos vegetais suscetíveis de estilização, por que deter-nos toda a vida no arquisurrado acanto?

Como penetrou na arte o acanto? Calímaco, um dia, abaixou-se, colheu uma folha de plantinha modesta, vulgar no solo grego, impressionou-se com o seu recortado, estilizou-a e pô-la em pedra.

O gesto de Calímaco será acaso uma prerrogativa sua? Não poderá ser repetido por todos os artistas de talento?

Nossas flores silvestres, nossos acantos, serão porventura indignos de se ordenarem em festões?

Nossa fauna será tão pobre que necessitemos fincar nas pontas das ripas do belvedere da avenida cabecinhas de carneiros gregos?

Não é irrisório vivermos às voltas com palmetas napoleônicas, folhas de espadanas, conchas bivalvas, saracoteios, rocalhas, amores, graças, pastores, anjinhos e tudo o mais que nasceu fora daqui e já teve sua época?

Ora, pois, concluamos: está o Liceu em maravilhoso pé de oportunidade para iniciar a organização do nosso 7 de Setembro estético.

Se há glória em erguer um estabelecimento de ensino popular àquela altura, que expressão de louvor teremos para quem, à formação de um simples artesão, curar da formação do operário-artista capaz de estilo?

A questão do estilo

Muita gente, e gente boa, comenta a idéia do estilo próprio no Brasil como absurda.

– Pois havemos então de restaurar o mau gosto colonial, um barroco de importação atravessado de barbarismos oriundos da cabeça dos pedreiros pretos?

Levada a intransigência a ponto agudo, era caso de responder que o pedreiro preto que com o seu sentimento pessoal colaborou na arte vinda da Metrópole era branco por dentro; como o esnobe de hoje que copia a França é preto retinto na alma; porque o preto fazia obra de branco e estes brancos falsários fazem obra de pretos do Senegal, useiros em meter na cabeça uma cartola velha, enfiar a casaca, atochar os pés num botinão e virem para a rua crentes de que o público os confundirá com puros parisienses.

Não se pede volta ao passado, bocós! Seria tão absurdo restaurar o estilo colonial como restaurar o Valongo, com escravos à venda e Debret de álbum em punho a copiar cenas de escravatura. A vida não anda aos saltos, para diante ou para trás, conforme agrade à veneta de alguém. A vida norteia-se por uma coisa chamada evolução, que um senhor inglês chamado Spencer com muito engenho reduziu a lei. O presente é a evolução do passado. O homem é a evolução do menino, como o menino é a evolução de uma célula.

Não contraria a evolução um preto que é moleque aos 10 anos e aos 70 é negro velho. Mas a contraria, e faz a caveira de Spencer estremecer na cova, um bugre que bugre nasceu, que cresceu bugre, que é bugre aos 20, aos 30, aos 70 anos, que foi bugre sob os dois Pedros e que é cada vez mais bugre na República, encasquetar-se-lhe de repente na mioleira, por injunções do *Cinematógrafo* do senhor João do Rio, que virou louro d'olhos azuis e é parisiense de Paris! E principiar a esmoer francês de Madagascar, a fumar *cigarettes*, a comer *pâtés*, a ter em casa *bonnes*, a ler o *Figaro*, a trescalar Houbigant e a exclamar, quando lhe passa ao pé um bugre autêntico e sincero, de tanga nos rins e cocar na sinagoga:

– *Sale tête, va!*

Porque então se invertem os papéis, e quem fica prodigiosamente bugre é justamente o contraventor da lei evolutiva.

Quanto mais se perfuma, e mais pede ao alfaiate roupas à moda, e mais abusa do *argot*, e mais plagia o Tristan Bernard, tanto mais dá relevo à nhambiquarice dos instintos, mais destaca a Hotentótia oculta no sangue, mais põe a nu o piteco incoercível do temperamento.

A estes bonifrates o sarcasmo francês, não encontrando na língua velha palavra que os defina, chama *rastoquoères* – equiparando-os aos "arrasta-couros" dos saladeiros argentinos que depois de enriquecerem procuram esconder a profissão inicial.

Nosso estilo deve ser o decorrente natural do estilo com que os avós nos dotaram. Sempre vivo, sempre em função do meio, se quer fugir à pecha de rastaqüerismo deve retomar a linha do passado e desenvolvê-la à luz da estesia moderna. Para isso existem os artistas, temperamentos de eleição através dos quais a natureza se coa e surge transfeita em arte. Coe-se arte colonial através dum temperamento profundamente estético, filho da terra, produto do ambiente, alma aberta à compreensão da nossa natureza: e a arte colonial surgirá moderníssima, bela, fidalga e gentil como a língua bárbara de Vaz de Caminha sai bela, fidalga, gentil e moderníssima dum verso de Olavo Bilac.

O poeta, no entanto, ao compor o *Caçador de esmeraldas*, não tomou de Corneille um vocábulo, nem de Anatole um conceito, nem de Musset uma noite, nem de Rostand um galo, nem de Leconte uma frialdade, nem da Grécia um acanto, nem de Roma uma virtude. Mas, sem o querer, pelo fato de ser um moderno aberto a todos os ventos, tomou de Corneille a pureza da língua, de Musset a poesia, de Leconte a elegância, da Grécia a linha pura, de Roma a fortidão d'alma – e com o antigo-bruto fez o novo-belo.

Nada em Bilac revê enxerto de arte alheia. O vocabulário é o velho vocabulário da Metrópole; as almas são almas velhas, as personagens não vieram embalsamadas num livro de Abel Hermant; o material é, em suma, o mesmo com o qual o cacetão quinhentista nos seca a paciência com descrições de mosteiros e milagres teatralíssimos, capazes de adormecer incuráveis doentes de insônia.

Seja assim a nossa arquitetura: moderníssima, elegantíssima, como moderna e elegante é a língua do poeta; mas, como ela, filha legítima de seus pais, pura do plágio, da cópia servil, do pastiche deletério.

Que se não diria de um poema composto com maljeitosas adaptações de versos alheios, tirados de todas as línguas e com tipos de todas as raças? O *qu'il mourut* de Corneille na boca dum João Fernandes, que mata Ninon, amante do coronel José da Silva e Sousa, cônsul de Honduras no Tibete, porque um felá do Egito discordou de Ibsen quanto à ação de Descartes na batalha de Charleroi...

São Paulo é hoje, à luz arquitetônica, uma coisa assim: puro jogo internacional de disparates.

O Convento da Luz caçoa da roupa nova, comprada a um tintureiro, que vestiram no Seminário Episcopal. São Bento, empedrado com austeridade germânica, faz muxoxos de desprezo à torre da Inglesa, rígida como uma *spinster* de 50 anos, coronela do Salvation Army. As casas em estilo lombricoidal empalidecem de terror se defronte lhes surge uma em estilo grego, receosas de que as folhas de acanto sejam vermífugas. Aquela, adiante, vestida de Renascimento alemão, cuspilha de nojo se paredes-meias erguem uma nova fantasiada à italiana.

Na mesma fachada as linhas motejam umas das outras, e choram, e berram.

– Cariátide, não é aí o teu lugar. Estás a gemer como sob um grande peso, mas esta sacada que sustentas tem pontas de trilhos por baixo. Deixa que os trilhos gemam e façam caretas, já que eles é que fazem a força. És duma inutilidade absoluta, e és grotesca porque finges um esforço de mentira. Lá na Grécia onde nasceste tinhas uma razão de ser, mas aqui não.

– Que queres, coluna dórica? Não há Ietino nem Fídias por estas plagas. Bem sei que sou uma irrisão. Nem de mármore maciço já me fazem hoje, como lá. Sou de cimento por fora e de ferro *deployé* por dentro. Tal qual tu, coluna, que em vez de coluna és um simples canudo vestido à moda dórica...

– Dizes bem: sou oca como a cabeça dos homens da terra; e padeço horrivelmente porque no frontão que simulo sustentar existe um escudo grego cujo paquife é uma tênia moderníssima saracoteando o *art nouveau*. Vês tu, irmã, onde vão eles buscar motivos ornamentais? No intestino grosso dos bezerros!...

E deste modo a cidade inteira, feita *mixed-pickles*, é um carnaval arquitetônico a berrar desconchavos em esperanto. Para remate, e como toque final de Vatel na salada, vamos ter uma... catedral gótica! É o *coup d'étrier*. Realizada a asneira de pedra, só nos resta mudar o nome à cidade e adotar como língua o volapuque.

O céu azul, esta nossa luz crua, o português, o negro, o índio, e o italiano, a mestiçagem, a voz dos quatro sangues, o modernismo das nossas idéias, a Light, o sorveteiro, o auto, a herma do João Mendes, o Congresso, o Gazeau, tudo – tudo berrará contra o anacronismo de pedra.

Nada há mais grandioso do que a catedral gótica. Jamais a arquitetura religiosa se elevou tão alto como quando rendilhou a pedra para erguê-la como punhado de espetos rumo ao céu impassível. O homem medievo, roído de lepra, dizimado pela peste negra, acuado nos burgos pelos barões ferozes e no campo pelo lobo famélico, no desespero da suprema miséria galvanizou-se numa fé de Jó e implorou misericórdia em gigantescas orações de granito. Tentou comover Deus, o eterno impassível, por intercessão de uma arte nova que lhe falasse uma linguagem nova. Essa foi a significação da catedral gótica – símbolo grandiloqüente da fé que tudo esperava da ação divina.

Mas aqui, com o bonde amarelo de Santo Amaro a lhe zunir aos flancos, neste século em que o milagreiro é o médico e a ciência o único tribunal supremo, o estilo gótico berra, lembrando um frade nu a dançar pinotes no Automóvel Club; ou um *clubman* de cartola a pilar milho cateto em plena taba de xavantes.

Será uma fúnebre caricatura de pedra à forma d'arte mais digna de religiosa veneração jamais surgida sobre a terra. Caricatura profanatória. Blasfêmia...

E será – o que é pior ainda – adquirirmos por muitos mil contos um diploma de inibição estética que nos dá de graça o consenso unânime dos povos.

O francês, o inglês, o alemão, o italiano, o japonês, o Egito, o planeta Marte, a constelação de Hércules, as nebulosas, todos já sabem à farta que somos peludos. Que necessidade, pois, de despender tanto dinheiro para lhes fornecer uma nova prova disso – e esta de granito?

Porque no julgamento da Posteridade as flechas da nossa catedral gótica, vistas com o recuo do tempo, não simularão flechas, mas pura e simplesmente – pêlos...

Ainda o estilo

O estilo é a fisionomia da obra d'arte. Produto conjugado do homem, do meio e do momento, é pelo estilo que ela adquire caráter.

No rosto humano, trate-se de um hotentote ou de um dólico-louro, a máscara subsiste sempre, adstrita ao esquema morfológico da espécie; tem dois olhos, nariz, boca e orelhas, mas apesar disso nunca se confunde uma com outra. Paira nelas um elemento sutil, de penosa definição, embora flagrante: a fisionomia. Sem este "ar", a máscara perde o caráter e vira "cara de boneca".

Assim, na obra d'arte, além dos elementos intrínsecos, permanentes, regidos pelas leis eternas das proporções e do equilíbrio, há o estilo que mais não é do que a sua fisionomia inconfundível. Resultante da personalidade do artista, representa ele o vinco forte do seu temperamento emotivo. Se, porém, da poesia, pintura ou escultura – artes mais suscetíveis de se impregnarem deste coeficiente pessoal – passarmos à arquitetura, amplia-se o fenômeno, sem que, entretanto, refuja à lei. Já não é o homem, senão o meio, que imprime estilo à obra. O elemento individual raro dá algo de seu. Mas dá muito, dá tudo, a estesia média da coletividade.

O estilo arquitetônico varia conforme o grau de inteligência, compreensão e sentimento artístico de cada povo. Nasce do solo como planta indígena, se o povo é criador e espontâneo como o grego. Na arquitetura helênica nada grita em dissonância com o homem ou com a terra; jamais houve nada tão bem adaptado à paisagem envolvente, à índole da raça, aos seus usos e costumes, às suas necessidades, aos seus sentimentos e idéias. A simplicidade da vida, a formosura do tipo, a acuidade do pensamento, a frugalidade do povo eleito: tudo sintoniza com a singela nobreza dos seus monumentos.

No Egito, onde tão outra era a psíquica coletiva plasmada pela casta sacerdotal, a feição da arquitetura é hierática e angulosa, despida de graça e norteada sempre no sentido de sugerir o enorme e o eterno.

Na China... Haverá arquitetura mais digna de estudo, como produto rigorosamente lógico das condições de vida, estágio mental e hierarquia tradicionalista de um povo, do que a arquitetura chinesa?

A Rússia, entressachamento etnológico de europeus e asiáticos, não denuncia o espírito resultante desta interpretação por um estilo em que se tramam todas as aspirações estéticas dos componentes?

O mundo árabe não deu à arte a mesquita, cujas cúpulas e minaretes dizem tão bem com os hábitos religiosos, vida e usanças da gente do Corão? Em sua expansão africana não criaram uma fórmula maravilhosamente bem deduzida do clima, caracterizada pela nenhuma inclinação do telhado, uma vez que não existiam chuvas determinantes de tal defesa?

Na Espanha esse mesmo povo não ideou formas novas, adaptando ao novo ambiente as formas velhas, tradicionais, vindas da terra de origem?

Na Holanda, o terreno alagadiço, a umidade atmosférica e a vida caseira não criaram um tipo de habitação e, portanto, um estilo em íntima harmonia com as injunções locais?

É inútil prosseguir nesta enumeração, que abrangeria todos os povos da terra.

Sem estilo, incapaz de fisionomia arquitetônica, não há um sequer. E não há nenhum porque seria isso negar a grande lei biológica a que tudo se reduz: adaptação.

Somente nos povos *in fieri*, como os sul-americanos, é que um exame superficial delata semelhante desvio biológico. Exame superficial, digo, porque, se o aprofundarmos, surge clara a chave do caso.

Todos os povos atravessam períodos correspondentes na vida humana ao da infância, época em que os traços fisionômicos, indefinidos, vagos, denunciam mal a feição futura do adulto. Estamos nessa fase, por assim dizer, cósmica. O simples fato de pela imprensa debatermos esta velhíssima questão do estilo denota a nossa puerícia étnica. Porque é pueril discutirmos com apaixonamento se um dia teremos bigodes na cara, e barba e rugas na testa, e expressão no olhar – isto é, estilo.

Mas, pela não termos hoje, é absurdo negarmo-nos direito à fisionomia. Se ainda não a temos, tê-la-emos. E a prova está em que já surgem tendências do fato. Já nos examinamos ao espelho, já procuramos em que sentido se vão cristalizando ou se devem cristalizar os nossos traços fisionômicos.

Eis a questão.

Um brado, apaixonado em excesso, irritou. Bom sintoma. Só não se irrita a matéria morta.

Muito de indústria fugimos à justa medida. Esta deve resultar do choque violento de correntes contrárias exacerbadas.

O senhor Stockler das Neves, em belo artigo estampado no *Jornal*, defende o ponto de vista contrário ao nosso. Condena a tentativa de vários arquitetos de talento que foram ao passado buscar linhas tradicionais para animar suas obras com um eco de saudade.

Parece-nos que o senhor Stockler não apreendeu bem o alcance desse gesto. Do contrário não o malsinaria. Haverá nada mais belo do que o filho venerar o pai? E o presente compreender com amor o passado?

Esse movimento fecundo que Ricardo Severo iniciou com tanta discrição, e ao qual já se filia uma plêiade de artistas altamente compreensivos, é o primeiro sinal de uma coisa muito mais significativa do que o senhor Stockler supõe. É o tatear dos primeiros passos para a criação do estilo brasileiro.

Mas o senhor Stockler nega que o possamos ter. Põe-nos assim em situação à parte no mundo, visto como todos os povos o têm. Outorga-nos o recorde da incapacidade. E baseia a sua negação num trecho de L. Cloquet.

Entretanto, por uma estranha coincidência, se tivéssemos de fundamentar nossa opinião em opinião alheia, nem de encomenda acharíamos melhor padrinho do que o tal Cloquet.

Diz ele: "A nosso ver, não podemos fugir a este dilema: ou adotar as formas de um estilo histórico, ou criar de pancada fórmulas novas.

Mas como um homem não pode implantar uma língua, seja embora o volapuque, assim também a invenção pessoal não poderá nunca criar um novo estilo.

Cada vez que um arquiteto procura deliberadamente afastar-se dos estilos consagrados, cai na excentricidade.

Os grandes estilos antigos, que assinalaram as grandes épocas históricas, desenvolveram-se como árvores, mergulhando raízes no solo. Partiram dalgumas fórmulas alheias, as quais foram desenvolvidas e apuradas por modificações contínuas, numa evolução lenta, através de inúmeras gerações etc.".

Pelo dilema de Cloquet – insubsistente aliás em face da obra de Otto Wagner –, ou criamos de chofre o nosso estilo ou apelamos para a fonte histórica.

Criá-lo de chofre seria o ideal, mas falta-nos talento. A maioria dos que por aqui impam de arquitetos não passa de copistas plagiários. Agarram álbuns de arquitetura editados fora e pilham fachadas com a sem-cerimônia de quem fila cigarros. Os que têm um pouco de consciência disfarçam o furto, pilhando quatro ou cinco projetos para, com a mistura, "mandar" um sexto, que assinam.

Entre a minoria, porém, há arquitetos de valor real, talento indiscutível e grande honestidade.

Receosos de criar, embora lhes não falte capacidade para isso, fazem obra honesta, orientados por todos os bons estilos europeus.

Desta minoria um grupo se destaca.

São os que realizam a segunda ponta do dilema de Cloquet, recorrendo a um estilo histórico.

Que "um" deve ser este? Interfere aqui o Bom Senso: será o estilo que se revele mais afim com o sentimento do país, sua vida, seu passado, suas tradições. Serão, portanto, em nosso caso, os estilos que floresceram na Península Ibérica. Porque é lógico, é irrefragável, que não pode ser o estilo histórico da China, nem o da Turquia, nem o da Rússia.

Donde se conclui que jamais Cloquet veio tão a pique para dirimir uma contenda.

"Já que vocês não têm talento para criar fórmulas novas, desenvolvam o estilo histórico, revicem-no, façam-no crescer e enfolhar como a árvore cujas raízes mergulham no passado e bebem a seiva da tradição. Só assim, partindo dessas fórmulas consagradas, numa evolução lenta, através de numerosas gerações, modificando-as e desenvolvendo-as, podereis ter arquitetura. Fora disso sereis tão arquitetos como é romancista o sujeito que verte do francês um romance de Paulo de Kock."

Assim falaria Cloquet.

E como o senhor Stockler compartilha da sua opinião, não há entre nós nenhuma divergência fundamental.

Os tradicionalistas que exultem por ver acrescido o seu pequenino núcleo de mais este valioso paladino. Quando, inesperadamente, da falange contrária surge uma adesão deste valor, a idéia está consagrada.

Não admira.

Possui estranhos amavios o ideal tradicionalista – os amavios do sangue, os amavios da raça, os amavios da saudade.

Os próprios adversários filiam-se a ele, sem o perceber...

Estética oficial

O valor duma obra d'arte cota-se pelo seu coeficiente de temperamento, cor e vida – os três valores que lhe travam a unidade, promanantes, um do homem, outro do meio, outro do momento. A arte descentrada dessa tripeça de categorias e que tem como fator-homem o *heimatlos* (homem de muitas pátrias, posto em evidência pela guerra); que tem como *terroir* o mundo e como época o Tempo, será uma soberba alcachofra quando o volapuque senhorear o globo: por enquanto, não!

Donde uma conclusão lógica: o artista cresce à medida que se nacionaliza. É mister que a obra d'arte denuncie ao mais rápido volver d'olhos a sua origem, como as raças denunciam pelo tipo individual o grupo etnológico.

E uma indicação prática para o Estado, que entre nós é a chocadeira artificial das vocações artísticas: cumpre fomentar o nacionalismo dessas vocações.

Não obstante esta intuição do bom senso, o Estado muitas vezes opera às avessas, porque atrás da impessoalidade do Estado estão sempre escondidas pessoas cujas idéias e atos refluem em público como um rumo coletivo.

Entre nós a pessoa que superintende as coisas d'arte foge à concepção do artista prefigurada acima.

Ao invés de apurar o nacionalismo das vocações, esperantiza-as ou, melhor, afrancesa-as, porque para a imbecilidade nacional o mundo é ainda a França.

Pega o Estado no rapaz, arranca-o da terra natal e dá com ele no Quartier Latin, com o peão da raiz arrebentado.

A mentalidade em formação do adolescente, assim desramada e desraigada, padece grave traumatismo, lá perde a seiva preciosa do habitat e vai viver em vaso sob clima hostil à sua regionalidade.

Durante a estada de aprendizagem só vê a França, só lhe respira o ar, só conversa mestres franceses, só educa os olhos em paisagem francesa, arte francesa, museu francês.

As vergônteas congeniais que levou daqui desmedram, e pega de brotar aquele enxertozinho de borbulha operado em sua epiderme.

Concluído o tirocínio, há duas sendas para o transplantado: ou ficar por lá, perdido na turba dos artistas exóticos que atravancam Paris, incapaz de emparelhar com os nativos, porque o inferioriza uma alma de empréstimo, ou toma cá, tombando para a categoria do "expatriado artístico".

A sua pátria estética lá ficou – a França, reconhece-o ele.

Os débeis entram a malsinar das nossas coisas. O céu é estupidamente azul. O azul é absurdo, irreproduzível na tela. O verde não tem fim. A cor é excessiva. Não há cambiantes. Não há árvores pitorescas. Não há gente. Não há costumes. Não há mulheres. E suspiram, com o olho da saudade fito na pequena que os enfeitiçou por lá: "Ah, Paris! Paris!".

Os fortes compreendem de relance a situação, atinam com a senda verdadeira e entram a estudar de novo, deitando às urtigas metade das idéias bebericadas fora. Redimem-se, estes.

O mal da orientação oficial é grande; anula dois terços das aptidões artísticas medradas no país; cria *épaves* sociais, boiantes na onda dos *boulevards* como rolhas servidas; aumenta no país o número dos incompreendidos maldizentes; e impõe aos fortes, sob pena de naufrágio, um redobro de trabalho na tarefa de reaclimação estética.

Mas vá a gente meter estas coisas na cabeça quadrada dos homenzinhos alapados no bojo do Estado e detentores das manivelas da subvenção!

Sorriem de puro dó, os alhos.

Vem daí o fato estranho, a quem corre o olhar pelas paredes das nossas casas ricas, de vê-las coalhadas de quadros franceses no estilo e no assunto, apesar de rubricados por nomes nacionais.

Salas há onde o visitante, se fechar as janelas para não ver os plátanos bichados da rua, e os ouvidos para não ouvir o "batata assada ao forno", jura estar em Paris, pelo menos.

São marinhas de Concarneau, cenários da Costa Azul, trechos da Bagatelle, estudos de *boulevards*, bretanhices a granel, perdões, pescarias, mulheres de coifa...

E tudo nomeado à francesa, *basse-cour*, *étang*, *vieille cour*, *vieux moulin* e outras sonoridades de encher o ouvido.

Para desencargo de consciência, uma ou outra telazinha nacional, as mais das vezes um caipira picando fumo. Porque a pintura indígena ainda não transpôs a etapa do caipira picando fumo. Desde que Almeida Júnior, o precursor, o artista educado lá que melhor reagiu contra a corrente, rasgou picadas novas com o seu picador de fumo, não houve espreme-bisnagas que se não julgasse obrigado a pagar esse tributo de captação ao caipira. A modo que, lá pelo ano 3000, a arqueologia restauradora da nossa época por meio das telas coevas chegará a uma única conclusão: "Naquela metade de século, no Brasil, o caipira picava fumo". Só, mais nada.

Um não sei qual pintor moderno, de vigoroso talento rebelão, enfurecido contra a tirania do passado artístico da humanidade, que obumbra o espírito da crítica a ponto de só lhe deixar ver gênios na pintura antiga, revolta-se contra a eterna curvatura da opinião esnobe, guiada pelas academias, diante das Giocondas, Ceias, Primaveras, e o conseqüente menosprezo do gênio moderno. E pede um novo Omar que destrua todos os museus e reduza a cal de pedreiro toda a cacaria clássica, a fim de que na senda desimpeçada a arte moderna possa caminhar com desassombro.

Semelhantemente, à luz do ponto de vista brasileiro era de desejar que a França fosse tragada por um maremoto a fim de permitir uma livre e pessoal desenvoltura à nossa individualidade. Porque ela está nos pondo *faisandés* antes do tempo.

Que lindo se figurássemos na assembléia mundial como povo capaz de uma idéia sua, uma arte sua, costumes e usanças que não recendam a figurinos importados!

ESTÉTICA OFICIAL 63

Enerva a persistência na macaquice.

Já Euclides da Cunha entreabriu nos *Sertões* as portas interiores do país. O brasileiro galicismado do litoral pasmou: pois há tanta coisa inédita e forte e heróica e formidável cá dentro?

Revelou-nos a nós mesmos. Vimos que o Brasil não é São Paulo, enxerto de garfo italiano, nem Rio, alporque português. A arte percebeu que se lhe rasgavam amplíssimas perspectivas. Se ainda não flechou para tais rumos é que anda tolhidinha de artritismos vários. Questão de tempo e iodureto...

É preciso frisar que o Brasil está no interior, nas serras onde moureja o homem abaçanado pelo sol; nos sertões onde o sertanejo vestido de couro vaqueja; nas cochilas onde se domam poldros; por esses campos rechinantes de carros de bois; nos ermos que sulcam tropas aligeiradas pelo tilintar do cincerro.

Está nas "fazendas de ferro", onde uma metalúrgica semi-bárbara *revive* um passado morto.

Está nas catingas estorricadas pela seca, onde o bochorno cria dramas, angústias e dores inimagináveis à gente litorânea.

Está na palhoça de sapé e barro, está nas vendolas das encruzilhadas, onde, ao calor da pinga, se enredam romances e se liquidam pendengas com argumentos de guatambu chumbado.

É desse filão de aspectos que há de sair o punhado de obras afirmativas da nossa individualidade racial.

A rota é uma só: fugir à costeira praguejada de imigracionismo – espécie de esperanto de idéias e costumes onde a literatura naufraga e as artes plásticas se retransem na frialdade do pastiche – e meter o alvião à massa formidável do inédito.

Ali não há a politicagem estética das capitais, nem academias amodorrantes, nem dogmas vestidos por figurinos, nem papas pensionadores.

Há a natureza estupenda e, formigando dentro dela, um homem seu filho, expoente da sua *vis*, rude, bárbaro, inculto, heróico sem o saber, imensamente pitoresco e – suprema recomendação! – sem um escrúpulo de francesismo a lhe aleijar a alma.

Daí o erro do nosso pensionato artístico, cujo sistema se cifra, sem variantes, no seguinte.

O candidato expõe numa casa de molduras os primeiros vagidos do pincel tatibitate; as folhas, a pedido dos pais e amigos, animam com louvores benevolentes o gênio em buço – e lá vai requerimento ao Estado solicitando pensão.

O governo, composto de pataratas sisudos, a cuja gravidade acaciana não fica bem entender de outras artes que não as de meter as unhas no Tesouro, delega a um dos seus membros poderes discricionários para apalpar a bossa do postulante, auscultar-lhe as palpitações artísticas e decidir se merece ou não o estágio europeu.

Escusa mencionar que atrás deste exame, mais que o simples mérito do suplicante, pesa na balança um certo número de razões de Estado. Como escusa dizer o que são razões de Estado... do Estado de São Paulo.

O governo, ciente do julgamento, não discute. Cumpre-o, qual sentença promanada da boca da própria Minerva. E o menino espinoteia de júbilo ao ver-se transplantado de Avaré ou Bananal a Paris ou Roma, com 500 francos mensais durante cinco anos, podendo dispor do tempo como lhe bacoreje a veneta – em patuscadas ou estudos.

O primeiro inconveniente sério está na pouca idade do pensionado.

Já superiormente o disse Joaquim Nabuco: "A mocidade é a surpresa da vida". Todo adolescente é um deslumbrado.

Calculem-se agora os efeitos nesta criança arrancada sem transições ao borralho, à terra natal, à língua, e despejada sozinha no pandemônio de um grande centro europeu. Deslumbra-se. Empolga-a tudo quanto é plaquê, lantejoula, miçanga dourada, farfalhice, pingo-d'água, fosforescência da podridão européia. Envenena-a quanto absinto letal é *dernier cri* nas babilônias.

Mete-se a "gozar a vida".

Gozar a vida quer dizer dar cabo da saúde na boemia alcoólica dos cafés e liquefazer as lentas aquisições hereditárias do caráter na freqüência de meios cosmopolitas derrancados, onde o *"je m'en fiche"* é a suprema elegância filosófica.

Ninguém ali para precaver sua inexperiência contra os enganos da vida; nenhuma fiscalização de estudos por parte do pensionador.

O governo só lhe pede, a espaços, umas periódicas academias por ele assinadas. Basta ao governo esta irrisória documentação.

Findos os cinco anos retira-lhe a teta – e fica todo ancho, o governo, na certeza de que brindou o país com mais um grande artista.

Será assim?

Relanceando a vista pela fieira dos pensionados ressalta o contraproducente do método oficial.

Ao invés de criar artistas, cria o governo, na generalidade, com o dispêndio de 20 contos por cabeça, uma galeria de inválidos morais. Ou boêmios de rua, malbaratados de tempo e saúde durante o pensionamento; e depois náufragos a bracejarem pelo resto da vida no vortilhão europeu. Ou artistas medíocres porque sendo brasileiros de carne ficaram europeus de espírito. Ou sorumbáticos incompreendidos de torna-viagem, prenhes de boas intenções mas desossados pelo desânimo, a exibirem eternamente, como as mais adiantadas concepções sociológicas, as idéias e a linguagem dos personagens elegantes do Eça.

O país é uma choldra; falam em naturalizar-se cafres; pedem invasão estrangeira que tudo arrase, porque tudo está podre, a esfarelar de velhice precoce etc.

Será verdade tudo isso – mas por 20 contos é caro. Os críticos indígenas chegam às mesmas conclusões, de graça.

Confessam os defeitos do sistema os próprios pensionados. Um deles diz em carta: "[...] o governo de São Paulo devia conservar seus pensionados no Rio por dois anos; só então, sob a fiscalização do governo, e mais economicamente, ver-se-ia se ele era merecedor dos cinco anos na Europa para 'aperfeiçoar' os estudos. E não enviar a Paris o indivíduo que promete mais ou menos, sem fiscalização nenhuma, abandonando-o por lá, como faz. O pensionado estuda ou não estuda... à vontade. Ninguém lhe sabe da vida. De vez em quando manda umas academias e quando volta ao país traz uma coleção de paisagenzinhas e cabeças de bretãs, coisas vendáveis. Que fez por lá? É então que se percebe o erro etc.".

Esta modificação aqui aventada encerra ainda um defeito. Fala em fiscalização oficial durante o estágio no Rio. Ora, fiscalização, a não ser nos casos onde há multa repartível entre o governo e o fiscal, é uma das muitas pilhérias da nossa boa República.

Para evitar todos esses inconvenientes, o geniozinho em ovo seria matriculado na Escola de Belas-Artes do Rio, onde completaria o curso. Depois, conforme as aptidões demonstradas, a juízo dos seus professores, receberia ou não, como prêmio, uma estada no Velho Mundo, a título de aperfeiçoamento.

Compreende-se que tenha competência para ajuizar do mérito do postulante o grupo de mestres – profissionais, vultos proeminentes da arte nacional – que lhe guiaram os primeiros passos e o tiveram durante todo o curso sob vistas. Tais juízes merecem acato.

Mas que dizer de sentenças emanadas de um político incapaz de manejar uma brocha – esse instrumento tão diferente da gazua eleitoral?

Em cinco anos sobeja tempo para aquilatar-se dos méritos do candidato, conhecer-se-lhe a estofa e vaticinar – sem o concurso do Múcio Teixeira – se ele promete um pinta-monos ou um Almeida Júnior.

Estará mais homem, menos embelecável pela mulherinha, já sovado pela vida de capital, com as idéias consolidadas, o caráter em via de cristalização definitiva. A sereia de Paris não o estonteará com três sábias olhadelas de Mimi Pinson.

Isto é o sensato, é o que toda gente pensa. Mas vá alguém dizê-lo ao governo! Ele governo sorrirá por intermédio dos músculos faciais do político que distribui pensões na Europa como quem dá bombons às crianças com quem se simpatiza...

A paisagem brasileira

A propósito de Wasth Rodrigues

Vítima, como todos os outros, da absurda orientação estética que imprime o governo às vocações nascidas em nosso meio, consistente em desnacionalizá-las, sufocando ao nascedouro o temperamento racial com o transplante do paciente, na idade em que apenas se inicia a cristalização da individualidade, para meios exóticos que lhe poderão dar todas as técnicas, mas que em troca exigem o sacrifício da já de si instável alma brasileira, Wasth percebe na sua arte a eiva corruptora e vigorosamente reage. Reage encetando à própria custa uma séria aprendizagem nova para a adaptação da técnica européia às exigências do nosso ambiente.

A paisagem bravia, a natureza em bruto, despenteada; aqui, já domada pelo homem – numa vitória de huno que é o arrasamento de tudo; ali, inda em luta com ele – assumindo aspectos de campo de batalha; além, intacta, defendendo com ferocidade a virgindade milenária e esmagando o espectador com o imprevisto da sua majestade, exige do pintor um pincel mais atrevido e tintas mais enérgicas do que as vezeiras no reproduzir a frisada paisagem européia, onde o homem destruiu quanto era selvatiqueza, ordenando-a aos caprichos duma orientação.

A paisagem é lá a vitória do homem sobre a natureza. Aqui é a luta, cem vezes a derrota, nunca a vitória completa.

Pouca gente compreende isto.

Ainda agora um pintor do Rio malsinou-a em livro de "banal".

Detenhamo-nos por um momento na elegante tolice.

Paisagem é o revestimento superficial do globo, num quadro que vai de pólo a pólo, por meio da árvore, da água e do relevo orográfico; desenho inadjetivável que o sol pela manhã transforma em pintura viva, pintura que sem parar esgota a gama inteira dos valores e tons até, em seguida à apoteose do ocaso, se desfazer em trevas.

Paisagem brasileira é essa tela desdobrada por mais de oito milhões de quilômetros quadrados, na amplitude dos quais a natureza assume todas as modalidades possíveis – campos nativos, floresta tropical, carrascais, desertos, pântanos, cordilheiras, rios e pampas.

Figure-se a grandeza deste quadro na tela da imaginação e aponha-se-lhe embaixo o muxoxo qualificativo do escritor carioca: "banal"...

A explicação de conceitos assim é que em geral o artista, em face da nossa paisagem, se sente pequenino demais *paur la besagner* e se atém a breves contatos epidérmicos. Falta-lhe aquele músculo leonino do bandeirante, que rasgava de extremo a extremo, implacavelmente, a carne crua das sertanias virgens.

O artista educado no Velho Mundo sente-se inerme, percebe que o espadim da técnica haurida na Academia Julien não é arma séria em frente do que pede tacape. E esmorece.

Achincalha-se, então, e põe-se a falsear a paisagem ou a dela escolher somente os trechinhos mansos, relembrativos da paisagem de lá. Só isso, breves manchas microscópicas que mentem à terra, lhe parece pictural.

Este embate, este peito a peito é a grande crise do pintor nacional educado fora do ambiente nativo.

A maioria ganha o desalento; caem na calaçaria da pintura de ateliê, com apóstrofes de ódio contra a natureza incompreendida, e entram a vegetar a triste vida do artista impotente para quem a cavação perante o governo é o supremo engodo.

Outros desistem de viver numa terra "impossível".

Alguns, raríssimos, os fortes, adaptam-se. Reencetam com paciência uma nova aprendizagem e vencem.

Nesta categoria está Wasth Rodrigues.

Ele concentra energias para a grande batalha. Vai penetrar o sertão, estudar os segredos dos verdes agrestes, senhorear o tipo e o modelado das árvores, apanhar os tons e relevos da terra, captar em flagrante a poesia das sombras n'água, sondar a alma das taperas, ouvir o gemido da mata quando o machado lhe estraçoa as entranhas, e seus uivos de dor quando o fogo a constringe no amplexo das labaredas.

Vai estudar a tigüera – campo de batalha em que a vegetação destruída lança por mil brotos o grito da renascença. Vai sentir o sombrio da mata virgem, onde o raio de sol nunca despertou da soneria secular os fofos musgos acamados sobre os velhos troncos mortos.

E vai também estudar a atitude do homem metido nesse ambiente.

Não do homem-pechisbeque das cidades, incaracterístico e grotesco na sua casquinha de plaquê, lustrada a gesso pela manhã e revendo à tarde o azinhavre dos metais de ruim liga.

Mas o homem incontaminado, grosso de casca, intraduzível em francês; o bruto cuja vida é uma luta de todos os instantes contra as forças vivas da feracidade ou contra as forças negativas, retráteis, da aridez.

Estudará esse homem em ação, no contato direto com a terra da qual é uma resultante e que, na ânsia de subsistir, vai, sem normas, sem leis, sem arte, modificando a ferro e fogo, com a barbaridade de quem mata para viver.

O Brasil ainda é o caboclo, empunhando o machado e o facho incendido na luta, arca por arca, contra a hispidez envolvente para que nas clareiras entreabertas tome assento a civilização.

A pintura brasileira só deixará de ser um pastiche inconsciente quando se penetrar de que é mister *compreender* a terra para bem interpretá-la.

Foi essa compreensão da terra que possibilizou o surto das escolas holandesa e flamenga. E será ela, sempre, o segredo do gênio e a força imperitura da verdadeira obra d'arte.

Paranóia ou mistificação?

A *propósito da* Exposição Malfatti

Há duas espécies de artistas.

Uma composta dos que vêem normalmente as coisas e em conseqüência fazem arte pura, guardados os eternos ritmos da vida, e adotados, para a concretização das emoções estéticas, os processos clássicos dos grandes mestres.

Quem trilha por esta senda, se tem gênio é Praxíteles na Grécia, é Rafael na Itália, é Rembrandt na Holanda, é Rubens na Flandres, é Reynolds na Inglaterra, é Dürer na Alemanha, é Zorn na Suécia, é Rodin na França, é Zuloaga na Espanha. Se tem apenas talento, vai engrossar a plêiade de satélites que gravitam em torno desses sóis imorredoiros.

A outra espécie é formada dos que vêem anormalmente a natureza e a interpretam à luz de teorias efêmeras, sob a sugestão estrábica de escolas rebeldes, surgidas cá e lá como furúnculos da cultura excessiva. São produtos do cansaço e do sadismo de todos os períodos de decadência; são frutos de fim de estação, bichados ao nascedoiro. Estrelas cadentes, brilham um instante, as mais das vezes com a luz do escândalo, e somem-se logo nas trevas do esquecimento.

Embora se dêem como novos, como precursores duma arte a vir, nada é mais velho do que a arte anormal ou teratológica: nasceu com a paranóia e a mistificação.

De há muito que a estudam os psiquiatras em seus tratados, documentando-se nos inúmeros desenhos que ornam as paredes internas dos manicômios. A única diferença reside em que nos manicômios essa arte é sincera, produto lógico dos cérebros transtornados pelas mais estranhas psicoses; e fora deles, nas exposições públicas zabumbadas pela imprensa partidária mas não absorvidas pelo público que compra, não há sinceridade nenhuma, nem nenhuma lógica, sendo tudo mistificação pura.

Todas as artes são regidas por princípios imutáveis, leis fundamentais que não dependem da latitude nem do clima.

As medidas da proporção e do equilíbrio na forma ou na cor decorrem do que chamamos sentir. Quando as coisas do mundo externo se transformam em impressões cerebrais, "sentimos". Para que sintamos de maneira diversa, cúbica ou futurista, é forçoso ou que a harmonia do universo sofra completa alteração, ou que o nosso cérebro esteja em desarranjo por virtude de algum grave destempero.

Enquanto a percepção sensorial se fizer no homem normalmente, através da porta comum dos cinco sentidos, um artista diante de um gato não poderá "sentir" senão um gato; e é falsa a "interpretação" que do bichano fizer um totó, um escaravelho ou um amontoado de cubos transparentes.

Estas considerações são provocadas pela exposição da senhora Malfatti, onde se notam acentuadíssimas tendências para uma atitude estética forçada no sentido das extravagâncias de Picasso & cia.

Essa artista possui um talento vigoroso, fora do comum. Poucas vezes, através de uma obra torcida em má direção, se notam tantas e tão preciosas qualidades latentes. Percebe-se, de qualquer daqueles quadrinhos, como a sua autora é independente, como é original, como é inventiva, em que alto grau possui umas tantas qualidades inatas, das mais fecundas na construção duma sólida individualidade artística.

Entretanto, seduzida pelas teorias do que ela chama arte moderna, penetrou nos domínios dum impressionismo discutibilíssimo, e pôs todo o seu talento a serviço duma nova espécie de caricatura.

Sejamos sinceros: futurismo, cubismo, impressionismo e *tutti quanti* não passam de outros tantos ramos da arte caricatural. É a extensão da caricatura a regiões onde não havia até agora penetrado. Caricatura da cor, caricatura da forma

– mas caricatura que não visa, como a verdadeira, ressaltar uma idéia, mas sim desnortear, aparvalhar, atordoar a ingenuidade do espectador.

A fisionomia de quem sai de uma destas exposições é das mais sugestivas.

Nenhuma impressão de prazer ou de beleza denuncia as caras; em todas se lê o desapontamento de quem está incerto, duvidoso de si próprio e dos outros, incapaz de raciocinar e muito desconfiado de que o mistificaram grosseiramente.

Outros, certos críticos sobretudo, aproveitam a vasa para *épater le bourgeois*. Teorizam aquilo com grande dispêndio de palavreado técnico, descobrem na tela intenções inacessíveis ao vulgo, justificam-nas com a independência de interpretação do artista; a conclusão é que o público é uma besta e eles, os entendidos, um grupo genial de iniciados nas transcendências sublimes duma Estética Superior.

No fundo, riem-se uns dos outros – o artista do crítico, o crítico do pintor. É mister que o público se ria de ambos.

"Arte moderna": eis o escudo, a suprema justificação de qualquer borracheira.

Como se não fossem moderníssimos esse Rodin que acaba de falecer, deixando após si uma esteira luminosa de mármores divinos; esse André Zorn, maravilhoso virtuose do desenho e da pintura; esse Brangwyn, gênio rembrandtesco da Babilônia industrial que é Londres; esse Paul Chabas, mimoso poeta das manhãs, das águas mansas e dos corpos femininos em botão.

Como se não fosse moderna, moderníssima, toda a legião atual de incomparáveis artistas do pincel, da pena, da água-forte, da ponta-seca, que fazem da nossa época uma das mais fecundas em obras-primas de quantas deixaram marcos de luz na história da humanidade.

Na *Exposição Malfatti* figura, ainda, como justificativa da sua escola, o trabalho de um "mestre" americano, o cubista Bolynson. É um carvão representando (sabe-se disso porque o diz a nota explicativa) uma figura em movimento. Está ali entre os trabalhos da senhora Malfatti em atitude de quem prega: eu sou o ideal, sou a obra-prima; julgue o público do resto, tomando-me a mim como ponto de referência.

Tenhamos a coragem de não ser pedantes: aqueles gatafunhos não são uma figura em movimento; foram, isto sim, um pedaço de carvão em movimento. O senhor Bolynson tomou-o entre os dedos das mãos, ou dos pés, fechou os olhos e fê-lo passear pela tela às tontas, da direita para a esquerda, de alto a baixo. E se não fez assim, se perdeu uma hora da sua vida puxando riscos de um lado para outro, revelou-se tolo e perdeu tempo, visto como o resultado seria absolutamente igual.

Já em Paris se fez uma curiosa experiência: ataram uma brocha à cauda de um burro e puseram-no de traseiro voltado para uma tela. Com os movimentos da cauda do animal a brocha ia borrando um quadro...

A coisa fantasmagórica disso resultante foi exposta como um supremo arrojo da escola futurista e proclamada pelos mistificadores como verdadeira obra-prima que só um ou outro raríssimo espírito de eleição poderia compreender. Resultado: o público afluiu, embasbacou, os iniciados rejubilaram – e já havia pretendentes à compra da maravilha quando o truque foi desmascarado.

A pintura da senhora Malfatti não é futurista, de modo que estas palavras não se lhe endereçam em linha reta; mas como agregou à sua exposição uma cubice, queremos crer que tende para isso como para um ideal supremo.

Que nos perdoe a talentosa artista, mas deixamos cá um dilema: ou é um gênio o senhor Bolynson e ficam riscadas desta classificação, como insignes cavalgaduras, cortes inteiras de mestres imortais, de Leonardo a Rodin, de Velázquez a Sorolla, de Rembrandt a Whistler, ou... vice-versa. Porque é de todo impossível dar o nome de obra d'arte a duas coisas diametralmente opostas como, por exemplo, a *Manhã de setembro*, de Chabas, e o carvão cubista do senhor Bolynson.

Não fosse profunda a simpatia que nos inspira o belo talento da senhora Malfatti, e não viríamos aqui com esta série de considerações desagradáveis. Como já deve ter ouvido numerosos elogios à sua nova atitude estética, há de irritá-la como descortês impertinência a voz sincera que vem quebrar a harmonia do coro de lisonjas.

Entretanto, se refletir um bocado, verá que a lisonja mata e a sinceridade salva.

O verdadeiro amigo de um pintor não é aquele que o entontece de louvores; sim o que lhe dá uma opinião sincera, embora dura, e lhe traduz chãmente, sem reservas, o que todos pensam dele por detrás.

Os homens têm o vezo de não tomar a sério as mulheres artistas. Essa é a razão de as cumularem de amabilidades sempre que elas pedem opinião.

Tal cavalheirismo é falso; e sobre falso nocivo. Quantos talentos de primeira água não transviou, não arrastou por maus caminhos, o elogio incondicional e mentiroso? Se víssemos na senhora Malfatti apenas a "moça prendada que pinta", como as há por aí às centenas, calar-nos-íamos, ou talvez lhe déssemos meia dúzia desses adjetivos-bombons que a crítica açucarada tem sempre à mão em se tratando de moças.

Julgamo-la, porém, merecedora da alta homenagem que é ser tomada a sério e receber a respeito da sua arte uma opinião sinceríssima – e valiosa pelo fato de ser o reflexo da opinião geral do público não-idiota, dos críticos não-cretinos, dos amadores normais, dos seus colegas de cabeça não virada – e até dos seus apologistas.

Dos seus apologistas, sim, dona Malfatti, porque também eles pensam deste modo... por trás.

Pedro Américo

Em fins de 1852 reinava o alvoroto na pequena Areias, humílima cidadezinha perdida nos recessos da Paraíba.

O poviléu, com espiadelas pelas esquinas e o "quem será?" em todas as bocas, trazia d'olho um grupo de homens de fora, chefiados por um estrangeiro louro que descavalgara no Largo da Matriz, com muita bagagem esquisita e não menos esquisitos modos de "reparar" em todas as coisas.

Não tardou corresse voz tratar-se dum francês, Luís Brunet, em missão científica pelos sertões de Cristo afora.

Pura charada. Falar em missão científica àqueles povos segregados do mundo ou contar a história do quadrado da hipotenusa a um tabaréu é tudo um.

Não obstante, as pessoas gradas foram visitar os recém-vindos, com rígida cerimônia, em obediência às boas normas da hospitalidade. Ressabiadas a princípio, o ar prazenteiro do naturalista pô-las sem demora nos eixos da familiaridade; e logo nos da vaidade local quando o sábio, com amável sombra, entrou a gabar a *bela* natureza, a *bela* água, o *belo* ar, o *belo* clima e todas as mais consolações dos lugarejos pobres.

Dessas generalidades meteorológicas deslizou a palestra para o comentário de fatos e pessoas locais; e então o boticário, chupado Eusébio Macário que com misturar os produtos terapêuticos da natureza olhava como colega o sábio que a vinha estudar, disse, cuspindo pigarro, para exemplificação das capacidades estéticas dos seus conterrâneos:

– Há aqui um menino que só vendo! Pinta um homem a cavalo, ou um carro puxando lenha, com os boizinhos, a canga, os fueiros e o mais, que até parece um cromo de Tricofero.

– O Pedrinho do Daniel? – interveio, para dizer qualquer coisa, o presidente da Câmara, pois sabia melhor do que ninguém não existir em Areias, afora esse Pedrinho, criatura capaz de pintar cara de homem que não lembrasse castanha-de-caju.

– Pois é! – confirmou, ancho, o boticário.

Interessou-se o francês pelo caso e pediu pormenores, que todos, a uma, grulharam com a lorpice suficiente para deixar o interpelante na mesma, isto é, sem distinguir se tratar dalgum grande artista futuro ou dum "curioso" precoce, cujos gatafunhos boquiabrem boticários mas nada revelam a olhos mais bem-educados.

Como a tarde corresse amena, e já o maçassem aqueles secantes paredros rurais, mostrou o sábio desejo de conhecer pessoalmente a criança ainda naquele dia. Prontificou-se o galeno a conduzi-lo à casa de Daniel Eduardo de Figueiredo – e para lá se foram.

Chegados, e explicados os fins da visita, o pai de Pedrinho confirmou os encômios do boticário e exibiu documentalmente uma série de desenhos infantis. Examinou-os Brunet um por um e ao cabo indagou da idade do artistazinho.

– 10 anos, por fazer.

– E ninguém o ajuda? Ninguém corrige estes desenhos?

Sorriu-se o pai.

– Quem ajudaria ao menino? Ninguém aqui entende disto. Eu sou músico, toco violino. Há o Zeca pintor, mas esse só pinta paredes. É graça natural que Deus lhe deu.

O francês continuava d'olhos postos nos desenhos, examinando ora um, ora outro, de perto e de longe, sob várias luzes. Em seguida perguntou:

– Está em casa o pequeno? Poderei vê-lo?

– Pedrinho! – gritou para dentro o pai.

Imediatamente um rosto moreno de criança assomou à porta. Pudera! Todo o tempo não saíra da fresta, como percebesse que falavam dele.

Era um menino de poucas carnes, pálido, d'olhos escuros, ressumbrando nos traços o tipo médio do nortista. Vexado a princí-

80 IDÉIAS DE JECA TATU

pio, desacanhou-se logo ante as carinhosas perguntas do estrangeiro, o qual, após gabos e louvores, o interpelou à queima-bucha:

– É capaz de desenhar à minha vista este chapéu e esta espingarda?

– Desenho, pois não.

E ligeiro como um serelepe, sem vacilar, esboça os modelos com mão lesta e visão segura, enquanto Luís Brunet, de pé, lhe espia por sobre os ombros o trabalhinho ágil dos dedos. Minutos após:

– Basta! – acenou o francês. – Não é preciso mais.

E voltando-se para Daniel Figueiredo, com gravidade ponderada:

– Eu tenho necessidade de um desenhista na minha expedição. Autoriza o seu filho a ocupar esse posto?

Daniel arregalou os olhos; abriu talvez a maior boca da Paraíba e gaguejou, emocionado, após uns instantes de atarantação:

– Mas... é uma criança! 9 anos...

– É uma criança mas desenha assim! – Obtemperou o naturalista, antepondo aos olhos do emparvecido pai o último trabalho do filho. – Que importam os anos, se já é um artista?

Dias depois o presidente da província contratava Pedro Américo de Figueiredo para desenhista da expedição.

Aos 9 anos, pois, idade em que pelo comum os meninos descadeiram a pedradas os gatos da rua, começou Pedro Américo a desfiar as contas de um ininterrupto rosário de triunfos como não há exemplo de outro no país.

Durante dois anos peregrinou por montes e vales de sua província natal e convizinhas, dando desempenho de gente grande à tarefa árdua de desenhista.

Um estágio destes, realizado naquela idade no coração do país, era de molde a lhe assentar n'alma os silhares de uma estética de funda consonância com o ambiente.

Não foi assim.

Pedro Américo não era brasílico.

Tinha a alma condoreira daqueles para quem a pátria é o mundo. Dessa feição psíquica resultou tornar-se o maior dos pintores brasileiros e o menos brasileiro dos nossos pintores.

Ainda não o argüiram de tal.

Fazê-lo a voz desautorizada de um ninguém seria deslavado topete, se ao asserto não prestasse pulso forte a própria obra do artista.

Mas não antecipemos.

Findos os trabalhos da missão Brunet foi o menino para o Colégio Dom Pedro II, na corte, e logo transpôs os umbrais da Academia de Belas-Artes, com 11 anos apenas.

Sucessivas vitórias escolares enfeitaram de louros sua cabeça: vitórias no campo mental, onde assombrava os mestres com a precoce agudeza do engenho; e no campo artístico, onde vencia rápido as maiores dificuldades de técnica. Quinze medalhas fulgem nesse tirocínio como atestados insuspeitos da afirmativa.

Infelizmente a orientação da Academia era naquele tempo absurda, no sentido de tolher o surto duma arte abeberada nas fontes raciais, para glória maior de um classicismo caquético.

Estava em moda o biblicismo.

Não se compreendia a alta pintura fora do quadro revelho da Bíblia. Temas de concurso, teses de exame, inspiração, sugestões, tudo saía da história dos hebreus. Se era caso de uma nudez feminina, saltavam logo as Suzanas, as Abisags, as Salomés. Reclamava-se um caçador? Surgia Nemrod. Um lavrador? Booz. Um guerreiro? Um mendigo? Um mau filho? Davi, Jó, Absalão. Um burro de carroça? A besta de Balaão.

Esqueciam os nossos avós de que a grande bíblia é a Natureza; e só é capaz de frutos opimos a arte que olha em redor de si e toma homens e coisas como os vê e os sente, dando de ombros aos sobrecenhos carregados e aos ares de desprezo dos empoados bonzos do passado morto.

Nesse interregno Pedro Américo – haja a coragem deste juízo duro – malbaratou o seu gênio pintando o repintadíssimo *Cristo da Cana*, o mil vezes espatulado *São Miguel*, o arquibrochado *São Pedro ressuscitando a filha de Tabira*, e tantos outros quadros cujo sopor clássico os inibe de falar língua inteligível a ouvidos modernos.

O esto racial do seu temperamento, se balbuciou algumas vezes, não resistiu à atrofiante orientação estética dos corifeus da época – e nada deu de si.

Reinava Pedro II.

A Casa de Bragança redimia suas taras mentais e morais cumulando no grande monarca virtudes que raro soem concorrer num homem só – e nas repúblicas ao molde da nossa nem numa grosa de paredros supremos.

Pensionado por ele, de seu bolso particular, seguiu Pedro Américo para o Velho Mundo e lá cursou a Escola de Belas-Artes de Paris, de par com a herpética Sorbonne e o Instituto de Física de Ganot. Teve por mestres vários pintores de nomeada mundial, Ingres, Flandrin, Vemet, Coignet, clássicos todos, quando não romanticões de pêlo hirsuto; viajou o que pôde e voltou ao Rio em 1864 para disputar, e obter com desempeno debaixo de um coro de louvores, a cadeira de Desenho da Academia.

Sócrates afastando Alcebíades dos braços do vício foi a sua tela de concurso.

Pobre Brasil! Já se diluíra de todo a sua imagem no coração do artista, que do hebraísmo inculcado em primeira mão se alargava ao helenismo caro a todos os espíritos despegados do torrão natal. Não obstante, o vinco hebraico voltou logo à tona e acentuou-se como feição dominante de toda a sua obra.

Nesse período letivo há que assinalar o primeiro assomo nacionalista do seu pincel: entre o *Petrus ad Vincula* e outros santos menores lucilou a camadura dourada da *Carioca*.

Arte nova? Primeiro vagido duma escola nacional?

Infelizmente não. A discutidíssima *Carioca* só o é no título. Fora daí, um simples nu, uma ninfa, uma banhista, uma fonte tão carioca como as mil co-irmãs que abarrotam todas as pinacotecas européias. Com alguma boa vontade achareis em seus olhos negros um vislumbre do olhar morno de certas guanabarinas.

Rompia a Guerra do Paraguai quando Pedro Américo empreendeu segunda viagem à Europa, e lá pintou *São Marcos, São Jerônimo, Visão de São Paulo*, e mais varões beatificados. Por essas alturas defendeu teses em Bruxelas, doutorou-se na universidade em ciências naturais, e fez-se de volta em 70.

A convulsão bélica dos cinco anos de campanha crispara de energias novas a feição pacata do país e abrira aos artistas o campo virgem da pintura heróica.

Ganho pela febre ambiente, Pedro Américo pôs de parte a

paleta hagiológica e tomou, por instigações de Pedro II, a que o havia de imortalizar.

Um parêntese.

A teoria dos três fatores de Taine, pela qual o artista é um produto conjugado do homem, do meio e do momento, sofre no Império a interpolação anômala de um quarto fator. Todos os grandes artistas, poetas, estadistas, sábios e técnicos daquele venturoso período são o produto do homem, do meio, do momento e de Pedro II. A desaparição deste augusto agente explica muito da chinfrineira posterior ao 15 de Novembro.

Por influição do imperador, Pedro Américo inicia uma série de batalhas, entre as quais esplende a de Avaí, grandiosa tela movimentadíssima, verdadeira obra-prima equiparável ao que mundialmente melhor se pintou no gênero. Por ela se vê com que garbo Pedro Américo enfrentaria a pintura histórica, desentranhando de nosso passado o muito que nele se amontoa esquecido e pede a glorificação da tela, se por falsa compreensão artística não emperrasse em acampar nos areais da Palestina. Desse período, sobre todos fecundo, datam a *Batalha do Campo Grande*, *Ataque à ilha do Carvalho* e *Passo da Pátria*.

Um novo excurso pelo Velho Mundo rompe em 78 à sugestão do imperante, reconduz o artista à Bíblia, donde ele extrai *Judith* e *Jacobed levando Moisés ao Nilo*, e indu-lo a desferir vôo pelos céus da universalidade.

Pedro Américo penetra na história.

Na nossa? Não. Na da Inglaterra, com *Os filhos de Eduardo IV*; na portuguesa, com *Inês de Castro, Catarina de Ataíde* e *Dom João IV*; na da França, com *Joana d'Arc*.

A pátria merece-lhe um só minuto de atenção: – *Moema*, quadro noturno em que sob os reflexos da lua bóia na onda um cadáver de mulher, enquanto se alonga mar afora uma caravela. Mas, como na *Carioca*, a *Moema* de Moema só tem o título.

Entrementes se lhe completa a evolução da mentalidade, plenamente maturada, com um desgarrar para o filosofismo pictural. O muito estudo de ciências e filosofias que Pedro Américo levava de par com a pintura empresta-lhe um fim de carreira de feição alemã.

O culto exagerado da idéia mata o sensualismo. Ao invés de *sentir*, o pintor eivado de sobrecarga filosófica *pensa*.

Em Pedro Américo as telas desse período são alegorias, compêndios, súmulas, exposições figuradas de idéias, onde a linha e a cor substituem as palavras.

Uma clareira, entretanto, se abre nesse em meio: a instâncias do governo de São Paulo Pedro Américo pinta o soberbo quadro que enriquece o Museu do Ipiranga, e nele culmina. Raras vezes a arte da pintura atinge tal vértice. Pelo equilíbrio sóbrio da composição, pelo vigor do desenho, pelo colorido magistral, pelo sopro épico que insufla à cena mais significativa da nossa história, o artista guinda-se a uma altitude onde permaneceria só – se não viesse Almeida Júnior. Uma tela dessas é mais que suficiente para coroar de louros imarcescíveis a cabeça de um pintor.

Em seguida ao clarão do *Sete de Setembro*, Pedro Américo recai na pintura filosófica com que fecha a carreira gloriosa. *A noite acompanhada dos gênios do Amor e do Estudo*; *Voltaire abençoando o neto de Franklin em nome de Deus e da Liberdade*; *Honra e Pátria*; *Paz e Concórdia* são quadros que assinalam o último degrau da escada altíssima que marinhou, à força de trabalho e gênio, o pequeno desenhista da expedição Brunet.

Sintetizando: Pedro Américo foi um pintor romântico, grande entre os grandes.

Na pintura heróica não pede meças a nenhum mestre.

Capaz de rasgar sendas novas, conducentes à criação duma arte genuinamente brasílica, desdenhou essa vereda áspera e fez-se europeu.

Não obstante, o consenso unânime da crítica tem-no como o nosso pintor máximo.

Inegavelmente o foi – até Almeida Júnior. Daí para diante já as opiniões divergem.

Um quadro singelo do pintor paulista, uma brasileira humilde que chora – *Saudades* –, marca o momento em que, pela criação duma arte profundamente racial, brotada da terra como insofreável planta indígena, cintila uma luz nova.

Se não empalidece a estrela de Pedro Américo, perde a unicidade.

São duas doravante a brilhar nas mesmas alturas, cada uma com brilho próprio, rutilantíssimas ambas.

Almeida Júnior

Nunca a pintura no Portugal antigo floriu com o viço notado na Flandres, na Holanda, na Espanha e nas repúblicas italianas – países chamados à comparação como os melhores afins do luso. Não vingou ali um Rembrandt, um Rubens, um Buonarotti, um Velázquez, e para a fulgente plêiade dos Halls, Ticianos e Riberas, Portugal não dá sequer um nome.

Herdeiro das boas e más qualidades da Metrópole, o Brasil Colônia, que outra coisa não era senão o próprio Portugal em projeção rarefeita sobre uma terra nova, não revelou em nenhum campo plástico sinal de capacidade estética. Sem vocação congenial, e não esporeado por injunções sociais capazes de substituí-la, chegamos até Sua Majestade Fidelíssima, o senhor Dom João VI, sem ver pintor na terra, além duns santeiros vulgares.

Com o advento da corte, e por exclusivo reclamo da fidalguia transplantada, o luxo exigiu arte e promoveu-lhe o cultivo artificial.

Cria-se uma escola e importam-se professores da França.

À luz do critério nacionalista foi isso um erro. Como bons franceses, os pintores encomendados trouxeram consigo a tara mortal do francês: incompreensão da alma alheia. Em vez de operar como tutores da arte local, que emitia débeis vagidos e, embora primitiva, rude, ingênua, tinha o alto valor de ser uma tentativa da terra, desprezaram-na para enxertar nos cotilédones os amaneirados de moda em França.

Fervia lá o classicismo. Davi e satélites só concebiam a vida moldada pelas atitudes da escultura grega, e tudo sofria das conseqüências de tal convenção.

Envenenados pelo mal da época, Debret, Taunay, Montigny e os outros agravaram o erro francês, inoculando-o numa colônia em formação. E assim, mal orientados, incapazes de visão brasílica das coisas, a obra educativa desses mestres consistiu em impor um convencionalismo.

As obras desse período acumulam-se, boas, medíocres, ou más quanto à técnica, mas seladas todas com o carimbo da desnacionalização. Não denunciam a escola brasileira. Até Porto Alegre, nenhum nome se fixa na retentiva de ninguém.

Porto Alegre anunciara uma aurora promissora. Talento multiforme, galgou, rápido, as maiores eminências sociais. Foi poeta, crítico, diplomata e pintor – e isso o perdeu. O leonardismo só deu um Leonardo!... Como poeta e pintor, viciaram-no a frouxidão e a ênfase.

Dele a Pedro Américo, como já se alargara a compreensão da pintura, e os artistas já se libertassem do estreito quadro primitivo, nota-se uma contínua ascensão de nível, a qual culmina nesse artista excepcional.

A *Batalha de Avaí* marca o apogeu. O romantismo atinge com ela um píncaro só acessível ao gênio. Mas foi um ocaso. O ocaso esplêndido de um sol que não teve meio-dia. Àquela luz tudo se obscureceu, e a arte romântica fechou o seu ciclo.

A madrugada do dia seguinte raia com Almeida Júnior, que conduz pelas mãos uma coisa nova e verdadeira – o naturalismo. Exerce entre nós a missão de Courbet na França. Pinta, não o homem, mas um homem – o filho da terra, e cria com isso a pintura nacional em contraposição à internacional dominante.

Vem de França, onde aperfeiçoara estudos, traz consigo quadros bíblicos diferentes de tudo o mais, pessoalíssimos, reveladores duma compreensão extremamente lúcida da verdadeira arte.

A *Fuga para* o *Egito* é bem um carpinteiro humilde fugindo por um areal de verdade, com mulher e filho de verdade, montado num burrico de verdade. Mudem-se àquelas figuras os trajes, vistam-nas à moda nossa, dêem-lhes a nossa paisagem como ambiente, e o quadro bíblico continuará verdadeiro: é sempre um marido, a mulher e o filhinho, humaníssimos todos, que fogem para salvar a vida. Se era assim o pintor num quadro dessa ordem, gênero em que, de comum, a arte naufraga no mar do convencionalismo anti-humano e antinatural, continua assim, humano e natural, despreocupado de modas e escolas, até o fim da carreira.

Não há obra mais una que a sua. Nunca foi senão Almeida Júnior no indivíduo; paulista na espécie; brasileiro no gênero.

Não obstante, quando apareceu a *Partida da monção* a crítica ligeira filiou-a à escola do painelista francês Puvis de Chavannes, então na moda.

Nada mais falso.

É um juízo irmão do que dava *O crime do Padre Amaro* como filho do *La faute de l'abbé Mouret*.

Puvis é um simbolista, um pré-rafaelita à sua moda, um primitivista, ou, falando tecnicamente, um estilizador de figuras e paisagens. Correu da sua arte o natural e deu a tudo atitudes procuradas – procuradas e achadas entre os ingênuos primitivos. As árvores nascem e crescem todas num mesmo sentido, engalhando o enfolhado com simetria preestabelecida. As figuras movem-se guardando atitudes que não destoam das árvores. A terra, o céu, tudo sofre estilização.

Na *Partida da monção*, ao contrário disso, não há uma atitude inventada. É naturalismo puro. Há cor local. Há reconstituição exata de uma cena como ela devia ter sido na realidade.

Onde se denuncia, então, a influência de Puvis? No tom enevoado da tela... Mas como pintaria ele uma cena matutina sobre o Tietê sem mergulhá-la na bruma? Refugando, pois, da sua arte, esse pseudochavannismo, integrada a *Partida da monção* no bloco maciço das suas obras anteriores, ressalta a verdade da afirmativa: Almeida Júnior nunca foi senão Almeida Júnior.

José Ferraz de Almeida Júnior nasceu em Itu em 8 de maio de 1850. Desde menino revelou a vocação, e de tal forma que vários amigos, entusiasmados por um *São Paulo*, meteram-no na Escola de Belas-Artes do Rio. Ali fez o cabocli-nho um curso magnífico, rematado com um primeiro prêmio. Muito pobre, voltou depois à província natal, dedicando-se à profissão. Vegetava por aqui quando o senhor Dom Pedro II, em excursão a Campinas para assistir à festa inaugural da Mogiana, dá com ele, examina-lhe os últimos trabalhos e oferece-lhe uma viagem à Europa por conta do seu bolso particular. Almeida Júnior parte para o Velho Mundo e, em França, sob a orientação de Cabanel – cuja maneira, aliás, não seguiu –, estudou furiosamente.

Sempre nostálgico da pátria, a quantos o interpelavam, com inveja de vê-lo aboletado na Babilônia, respondia invaria-velmente:

– Ando mas é morto por me pilhar em Itu.

Isto o define mais que tudo. Era uma individualidade intei-riça, rija como o coríndon, insofismável, incapaz de dessorar-se em terra alheia.

Seis anos durou esse curso de aperfeiçoamento, rematado com uma viagem pela Itália. Regressa em 82. Entra para o Salão do ano seguinte com quatro telas típicas – *Remorsos de Judas* e *Fuga para o Egito*, obras bíblicas mas de forte interpretação na-turalista; *Repouso do modelo*, precioso quadro de composição, já medalhado em Paris e dos mais elegantes saídos de pincel brasileiro; e *Derrubador*, mais um vigoroso estudo de muscula-tura do que um quadro, embora precioso como germe da série de telas que imortalizariam o pintor ituano.

A crítica consagrou-o incontinênti. E Almeida Júnior deu início à sua obra personalíssima. Em contato permanente com o homem rude dos campos, único que o interessava, porque único representativo, hauriu sempre no estudo deles o tema de suas telas. Compreendia-os e amava-os, porque a eles se ligava por uma profunda afinidade racial.

Pintou os *Caipiras negaceando*, que Chicago medalhou a ouro – quadro de vulto, a que empresta grande valor a expres-são magnífica do caçador que entrepara ao ouvir de surpresa o rumor da caça.

Não é essa tela o retrato de dois manequins vestidos à caipira e postos no ambiente da mata. São, de feito, dois caçadores caboclos, vivos, no quanto comporta de vida a ilusão pictórica.

Em seguida a esse memorável trabalho abre Almeida Júnior um interregno para compor grandes telas religiosas para a Sé – *Conversão de São Paulo*, *Cristo no horto*, e vários painéis decorativos, de cor muito fina, para a Confeitaria Paulicéia e o Club Internacional.

Libertado da necessidade de ganhar dinheiro, entrega-se finalmente à pintura do que lhe sabe ao temperamento.

Data daí a parte capital da sua obra.

Pinta o *Caipira picando fumo* e a *Amolação interrompida*, dos quais a nossa Pinacoteca possui duas más cópias ampliadas. Digo más porque é essa a impressão de quem as coteja com os originais em poder do doutor Sampaio Vianna. Copiadas pelo próprio autor, por isso mesmo não valem as primeiras. Explica-se. Estas foram pintadas do natural, no local adequado, ao ar livre, com a alma do artista impregnada do tema. Possuem toda a vida dos quadros sentidos e amorosamente feitos. As cópias, tiradas em época posterior, com outras preocupações na cabeça, num estado d'alma diverso, com técnica diversa, com variantes de cor e tons, têm todos os leves defeitos duma segunda edição ampliada, preparada às pressas para exclusivos fins comerciais. Só é capaz de boa cópia quem copia obra alheia. Copiando a obra própria o artista não se adstringe à fidelidade necessária, e faz, sem o querer, obra nova. Nova e má, pela ausência do misterioso *quid* da obra vivida.

Todas as mais telas que Almeida Júnior pintou nesse período de ouro jazem esparsas pela cidade. E é pena. Se há pintor que mereça figurar inteiro na Pinacoteca do Estado, é sem dúvida o grande ituano.

A Pinacoteca ressente-se disso.

Quem visita aquele começo de museu é na intenção de conhecer as obras dos nossos pintores e não para estarrecer de assombro diante de cromos de Salinas, charadas de Amisani pagas a preços fantásticos, e mais patifarias a óleo como que brochadas especialmente para comer o cobre fácil do Tesouro paulista, sempre franco em se tratando de negociatas.

Revolta ver a nossa Pinacoteca transformada em salão de despejo de quanta tela medíocre de pintor estrangeiro medíocre surge por aqui com o fito de explorar o critério negocista dos que nos dirigem o movimento artístico.

Revolta ver toda a obra do maior pintor paulista oculta em galerias particulares, e propositadamente mantida lá para que os Amisanis possam receber boladas em troca de blagues mistificatórias. Com o dinheiro que o Estado deu pela *Alcova trágica*, risível em si e contristadora pelo atestado de inépcia que passa aos nossos homens entendidos em coisas da arte... de comprar quadros, entraria para lá meia dúzia de obras-primas. O quadro *Saudades* faz parte desse grupo de telas preciosas. É talvez o quadro de mais sentida expressão que possui o Brasil.

Uma mulher do povo, moça ainda, morena, vestida de luto modesto, contempla, à luz duma janela, o retrato do marido extinto. A luz dá-lhe de chapa no rosto, onde se lê a dor muda duma viuvez precoce. Brotam-lhe lágrimas dos olhos, lágrimas de amante inconsolável. É dor e é saudade.

Quanta verdade naquilo! Quanto sentimento! Que poema inteiro de mágoas resignadas naquela expressão!

O *Importuno* lembra o tema do *Repouso do modelo*. Apresta-se um pintor para um trabalho de nu, quando lhe batem à porta. O modelo, que se despia para o pouso, oculta-se e espia, enquanto o pintor entreabre a porta para ver quem é. As mesmas qualidades distintivas do *Repouso* acentuam-se no *Importuno*. Desenho elegante, expressão psicológica, harmonia de composição, sobriedade e fatura de mestre.

Nhá Chica é um magnífico estudo de cabocla. Uma roceira madura achega-se à janela em cujo batente está uma chocolateira de café; e enquanto sorve uma baforada por um longo pito de barro fixa os olhos no campo, onde deve estar o marido ou o filho no trabalho. A expressão do seu rosto diz-nos que já chamou o "homem" para o café do meio-dia e o espera. É uma figura viva, na qual se lêem os pensamentos ocultos sob a máscara impassível.

O *Violeiro*, quadro a que ele dava a primazia entre todos do gênero, é outra criação soberba de verdade, de sentimento, de colorido exato e de tonalidade local. Dentro daquele corpo sente-se pulsar o coração ingênuo dos nossos musicistas espontâneos, filhos do campo e do ar livre.

Os Caipiras, Mendiga, O caçador, Cozinha da roça, Cena da roça e outros denunciam sempre a mesma feitura honesta, e a intenção, realizada, de pintar as almas habitadoras dos corpos.

Na paisagem, gênero que, a avaliar pelas poucas que deixou, Almeida Júnior desadorava, a qualidade dominante é ainda a probidade de um sincero que, como nunca mentiu aos homens, não sabe mentir às árvores, às águas ou ao céu. *Ponte da Tabatingüera* e *Curva do Tietê* são típicas.

Também pintou retratos, e abundam eles na *Partida da monção*. Vêem-se lá o Conde do Pinhal, Campos Sales, Prudente, o pai do artista, o vigário de Itu, Leite de Morais, Luiz P. Barreto, Severino da Cruz, seu sobrinho João Firmiano e outros.

Até nisto se revê o carinho de Almeida Júnior pela verdade. Como netos dos bandeirantes que figuraram nas monções, era no tipo desses contemporâneos que se poderiam colher os traços enérgicos dos avós. Um pintor menos sincero tomaria ao acaso, na rua, os modelos necessários, ajeitando-lhes barbaças e vincos de testa truculentos – e talvez fizesse coisa mais do agrado público. Almeida Júnior, inimigo mortal do cabotinismo e da mentira, paulista da velha têmpera, "caboclo de bem", adotava por temperamento a concepção de Alberto Dürer, de que a preocupação da beleza é nociva à arte. Preocupava-se com a verdade somente – e nisto revelou maravilhosa compreensão da verdadeira estética.

A beleza não existe por si, mas como emanação misteriosa da verdade. Quem foge a esta não alcança aquela. O critério da beleza em si está sujeito às injunções do espaço e do tempo. A moda no-lo exemplifica. Houve tempo em que a saia-balão era a beleza. Depois veio, como nova forma de beleza, a hedionda anquinha. E daí até nós, quanta extravagância macaca inventa o cérebro histérico dos costureiros europeus, goza, durante seis meses, no consenso universal dos papalvos, as honras de supremo estalão de beleza.

No entanto, basta que saia da moda uma "moda" para que ela se apresente a todos como um "horror". Salvam-se unicamente as que, respeitando as formas do corpo humano, isto é, a *verdade* – e denunciando-lhe as ondulações através do pano, se negam a mentir ao nu que vestem.

Assim na pintura.

As escolas passam, os estilos morrem, as "maneiras" exaltadas numa época são metidas a riso logo em seguida. O pintor cortesão, que lisonjeia o transvio estético dum período de mau gosto, perde logo a nomeada quando a moda cai.

Só fica, só resiste à ação da crítica e do tempo, a obra sincera do que nunca falsificou a verdade em nome dum ideal passageiro.

A Grécia é eterna, porque os cânones da arte grega eram decalcados sobre os cânones da verdade.

Rembrandt é eterno porque nunca mentiu, transigindo com as histerias movediças do público.

Entre nós Almeida Júnior será sempre grande, e cada vez maior, porque nunca, em fase nenhuma da sua carreira, oficiou no altar do convencionalismo – erro que sombreia a obra do maior gênio pictural do continente, Pedro Américo.

A *Carioca* nunca dirá nada a ninguém; é um nu mudo e vazio; já a viúva das *Saudades* falará sempre, e sempre será compreendida. Enquanto houver corações dentro do peito humano, aquela simples figura de mulher comoverá profundamente.

A obra do convencionalismo dura o que dura o pedantismo duma escola. Só a obra da verdade é imperitura.

Almeida Júnior estava em pleno apogeu quando, de pancada, mão assassina lhe cortou o fio da vida.

O pincel criador de tantas obras-primas ficou de lado.

Ninguém o retomou ainda.

O veeiro dos temas nacionais continua quase intacto, à espera de novas individualidades de gênio que lhe garimpem o ouro.

Por fatalidade, mal abrolha no Brasil um artista capaz corre logo a morte violenta a amordaçá-lo.

Os mais representativos – Almeida Júnior, Euclides, Pompéia, Ricardo – caíram assim em flor. Mas os gordanchudos, os falsificadores do bom gosto, os inimigos da verdade, os Pachecões atravessados de Acácio e Brummel, essas almas de capacho e essas carnes balofas que a terra está reclamando para elaborar com a substância delas os juás espinhentos, a guanxuma, a barba-de-bode e outras calamidades vegetais, esses se eternizam na vida. Não surge bala que os derribe, nem faca abençoada que lhes ponha a tripa à mostra. Morrem todos no fim da vida, de pigarro senil...

A poesia de Ricardo Gonçalves[*]

Poeta... Que surrada andas tu, pobre palavra, e que longe andas do sentido íntimo, pelo abuso de te vestirem quantos por aí medem versos nos dedos para uma periódica postura nas revistas!

Poeta – poeta não é o malabarista engenhoso que acepilha sonetos, embora belos, senão a criatura eleita que ressoa às mais sutis vibrações ambientes, como se toda ela, corpo e alma, fora uma harpa eólia de cordas vivas.

Os crepúsculos estriados de sangue, o marulho das ondas nos fraguedos, o bisbilho dos córregos nos socavões das matas, a bruma das manhãs, um ninho em que pipilam aves implumes, o silêncio augusto das montanhas, o trilo duma patativa, uma estrelinha a piscar, as vozes misteriosas das coisas balbuciadas em surdina, os cambiantes, as penumbras – tudo quanto é estado d'alma da Natureza esfrola as cordas da harpa feita homem e a faz exsolver-se na gama inteira das vibrações emotivas.

Fixar estas vibrações por meio da palavra disciplinada no ritmo e enlanguecida na melodia da rima é simples lavor final. O tudo, a coisa suprema, é ser poeta, sensibilidade de galvanômetro, harpa eólia em permanente vibrar a todas as auras.

O homem frio que, senhor da cultura e sabedor da técnica, compõe um poema, por maiores belezas que nele derrame, será um retórico, um orador – poeta é que não.

---

* Originalmente Monteiro Lobato publicou este texto em *O saci: resultado de um inquérito*. Na edição de 1946, o autor fez modificações neste texto. Nota desta edição.

E não, porque seus versos foram *compostos* ao invés de *brotarem* lógicos, no incoercível da flor que vem da planta, do perfume que sai da flor, da ebriedade que emana do perfume.

O verdadeiro poeta é um eterno soar de cordas que nele são bordões e primas, afinadíssimos, tensos de estalar, e no vulgo são calabres grossos e bambos.

Alfredo de Musset, Antônio Nobre... poetas no seu tempo, poetas hoje, poetas amanhã, poetas sempre.

Hugo, Rostand... serão poetas para o coração do homem futuro?

Não é retórica a poesia, nem eloqüência. É dor. Dor estilizada, dor de amor, dor de saudades, dor de esperanças, dor de ilusões murchas, dor dos anseios vagos, dor da impotência, dor do inexprimível.

Poeta foi Ricardo no sentido essencial do termo.

Em menino e em moço; como homem e como amigo; como enamorado e como amante – foi poeta de todas as horas e de todas as estações.

E como poeta morreu – pois morreu como o violino a que subitânea mutação do tempo estalou as cordas tensas e emudeceu para sempre.

Os versos que deixou – poucos, se os medimos pelo tesouro de poesia em permanente irradiar que ele era – não denunciam o alinhavo da feitura, são como cristalizações naturais de sentimentos.

Nenhuma tortura, nada de arranjos. A perfeição da simplicidade, inatingível pelo esforço consciente, era seu habitat normal – tão *poeta nascera.*

Vagueia em seus versos o aroma dos nossos campos, o hálito da terra, o bafio das velhas fazendas; sentem-se neles o sabor das frutas do mato, o esvoaçar dos passarinhos, o rumorejo de capoeiras nossas conhecidas.

Se aparece uma árvore, de pronto a conheceis: é a jiçara esguia perdida numa tigüera; é a perobeira seca, escalavrada pelo fogo das queimadas; é peúva que setembro afrouxela de flores de ouro.

Entra em cena uma avezinha? Não é o rouxinol, nem o pardal d'importação. Escutai-lhe o trilo: é a patativa humilde; vede como dança: é o tangará.

Evola dum verso um aroma? Recordai: é o jasmim-do-imperador.

Quebra o silêncio um rumor distante? É o rechinar do carro de boi, é a tropa que trota pela estrada.

Longe, um personagem? É o Zé da Ponte.

É a terra, enfim, é o homem, é o céu, é o rio, é a mata como os temos, incontaminados do pechisbeque francês – bem como desinfluídos da bela falsificação alencarina.

Daí o encanto da sua arte, encanto que avulta realçado pela chinesice desta época de mentira à terra e à raça por excesso de amor à francesia e ao cubismo.

Ela nos introverte n'alma os amávios da saudade e da esperança. Poesia pura, ela, por sugestão, deflagra o que em nosso peito existe de poesia inata.

É mister falar sem refolhos: Ricardo era o mais genuíno poeta da nossa geração. Nunca um elemento alienígena interferiu na sua arte. Não sabemos de um verso seu no qual se desembalsame um deus morto da Hélade, uma coluna partida, uma esquírola sequer de mármore grego. Nem castelos medievais, nem cosmopolitismo moderno, nada do volapuque estético desta época em que os povos se interpenetram e mutuamente se dessoram do que há de mais sutil – a intimidade racial.

Sobe de ponto o valor da pureza desta estesia quando circunvagamos o olhar pela cidade onde o espírito de Ricardo floriu – floriu, ai!, como a flor do lótus...

É a *urbs* volapuque onde grunhem todas as línguas e onde passeia pelas ruas a escala inteira dos ângulos faciais.

O poeta, sufocado pela atmosfera caleidoscópica deste *salmagundi* urbano, refugia amiúde aos seus venenos dessorantes.

Ia ver jequitibás em Piracaia, para descanso dos olhos fartos destes plátanos geometricamente perfilados à beira dos passeios, como árvores bem ensinadas.

Ia longe daqui aspirar a fragrância de florinhas silvestres que lhe não recordassem crisandálias e outras patifarias florais d'importação.

Ia ouvir a patativa piar nas devesas, para esquecimento do chilreio azucrinante do canário-belga.

Porque não há cidade que como a nossa tanto minta à terra!

E onde os filhos tanto se empenhem em lhe extirpar do seio as derradeiras radículas da individualidade.

Vai um pobre mortal espairecer ao Jardim da Luz e em vez duma nesga da nossa natureza tão rica, é sempre o volapuque que se lhe depara. Pelos canteiros de grama inglesa, há figurinhas de anões germânicos, gnomos do Reno, a sobraçarem garrafas de *bier*. Por que tais niebelunguices, mudas à nossa alma, e não sacis-pererês, caiporas, mães-d'água, e mais duendes criados pela imaginação popular?

O próprio arvoredo é por metade coisa alheia. Um ipê florido, a árvore da quaresma, um angiqueiro inutilmente os procurareis ali.

Se ressoa no coreto a música, ouvireis Puccini, Wagner, Sidney Jones – e tais modulações vêm tornar inda mais incaracterístico o ambiente do logradouro.

Súbito, ao quebrar uma alameda, uma estátua avulta no centro dum canteiro. Bate-vos o coração. Há de ser Gonçalves Dias, Casimiro, um poeta nosso. Nada disso: é Garibaldi...

Tendes sede? Há *grogs, cocktails, chops, vermouths.*

Tendes fome? Dão-vos *sandwich* de pão alemão e queijo suíço.

Apita um trem: é a Inglesa.

Tomais um bonde: é a Light, em cujo carro vos cobra a passagem um italiano.

Desceis num cinema: é *Iris, Odeon, Bijou.*

Começa a projeção: é uma tolice francesa ou uma calamidade da Itália.

Um baleiro passa ao lado: *nougat, torrone.*

Correis a um teatro: o cartaz anuncia *troupe* francesa.

Mas ao espírito vos acode que um existe onde funciona companhia nacional. Ora graças, dizeis, vou-me a ver coisas da minha terra. Ides, ergue-se o pano: os atores nacionais são portugueses, a peça é uma salafrarice traduzida do parisiense. Traduzida em português ao menos? Qual! Traduzida em volapuque.

Saís enojado. Correis ao hotel. Meteis-vos na cama, depois de sorvida uma chávena de chá da Índia com pão de trigo argentino. Estais quase a dormir. Será ao menos o vosso sono um sono brasileiro? Impossível. Pelas reixas das venezianas entram a acalentá-lo os sons distantes de uma canção de Nápoles: *Ai Mari...*

Em tal meio conservar Ricardo, puras como a água das grotas, a sua emoção e a sua arte, façanha foi de Hércules. Resistir, hoje, é um trabalho de Hércules...

Quando vierem a público seus versos, o livro resultante será um oásis de Brasil neste Port-Said sem mar.

Os olhos da saudade ir-se-ão por ele afora, como atraídos pela própria alma da terra – da pobre terra que morre lentamente sob a pata bruta da invasão polimorfa...

A hostefagia[*]

A guerra nasceu de Caim. Conveniências de lenda falsificaram, no correr dos tempos, a verdade histórica. Ao ver Abel estendido a seus pés, sentiu Caim turgescer n'alma o sentimento do orgulho e da força vitoriosa. Dominava: sensação desconhecida na família adâmica.

Seus instintos, espinoteantes dentro do sangue rebelde, arrostavam a Jeová em nome duma vaga lei natural pressentida em antagonismo com o manual do bem viver imposto ao bípede recém-criado.

A maçã, a serpente, o gesto de Caim são meros símbolos do instinto, em ação de vetar a sábia declaração dos direitos do homem outorgada por Deus num momento de sentimentalismo biológico. E a Consciência a perseguir Caim, figurada por Hugo num olho de fixidez apavorante que o não desfita nunca, é mera licença poética, para lição de povos bem-comportados. Aquele olho simboliza, sim, a glória, em derriço d'olhadelas langues ao primeiro vitorioso. Isto esclarece por que, desde aí até nós, tal olhar nunca deixou de repastar-se, gozoso, na descendência heróica de Caim, dona do mundo pelo direito dos golpes certeiros que esmagam a cabeça do adversário.

O estigma impresso por Deus na fronte de Caim explica-nos a História, contestando a Lenda – foi a mesma fulgurante estrela que rutilou na testa dos Gengis Khans, Átilas e Bonapartes.

* Texto publicado originalmente em O Estado de S. Paulo, em 11 de abril de 1915. Nota desta edição.

Prova: em seguida ao fratricídio, inebriado pela vingança, prazer até ali reservado aos deuses, Caim partiu para as terras de Nod, onde, cheio o peito de uma orgulhosa força de dominação, oprimiu os povos vizinhos, enriqueceu, imperou despótico, vindo a acabar, como um bravo, na luta contra o seu sobrinho Lamech.

Sem a pedrada na cabeça de Abel, Caim morreria simples pastor, sem nome, nem feitos, nem descendência. Com a pedrada, ensinou aos homens o caminho da glória, a embriaguez da vingança, o segredo da dominação, a morte heróica. Em suma: a guerra.

Do outro lado do Eufrates, onde Deus não conversava com os homens e eram eles uma nudez de instintos só equiparável à nudez do corpo, o troglodita, já com acumulações experimentais herdadas do pitecantropo, sabia como adquirir a pele de urso na qual um seu vizinho resguardava o corpo nos dias de neve. Sabia que se sub-repticiamente, pela calada da noite, fendesse o crânio do "possuidor" adormecido, a pele passaria a pertencer-lhe por direito de conquista. E logo que bem o soube, melhor o praticou, adornando a vitória com os pinotes amacacados e os gritos guturais donde saíram, por visível evolução, os triunfos romanos, os peãs gregos e a glorificante farda moderna.

A conquista de impérios descende em linha direta da conquista duma pele de urso...

A raça heróica dos conquistadores mede sua grandeza pelo certeiro dos golpes desferidos e pelo valor das peles adquiridas – e a humanidade os exalta. Assim os picos culminantes da História são os fortes desferidores desses golpes tremendos, que esmoem tronos e derruem impérios.

Diante do herói guerreiro desaparece o herói do trabalho e da ciência.

Onde a estátua comemorativa do inventor do tear? Esse a cujo labor paciente deve a frágil nudez do corpo humano os tecidos que a resguardam da hostilidade ambiente? Quem lhe venera o nome?

Mas todo menino de escola sabe de Alexandre. Perguntai-lhe a respeito do macedônio, e o pequeno, enfunando o peito e todo brilhos chispantes nos olhos, dirá:

– Foi o maior guerreiro da Antiguidade!

– E que entendes tu por guerreiro?

– É o homem que conquista, vence os inimigos, destrói impérios.

Incapaz de definir qualquer sentimento humano, a criança define, por instinto, o sentimento da "belacidade", pois que o tem impresso em letras indeléveis nos glóbulos do sangue.

É, portanto, a guerra, humana.

É a glória, o orgulho, a vingança – delícias máximas do paladar humano.

A História é toda uma teia de Penélope, feita e desfeita entre fulgurações de guerras.

Os impérios nascem pela guerra, engrandecem-se pela guerra, e pela guerra vêm a morrer. Os homens máximos serão sempre os aureolados pelo halo guerreiro.

Não há nome moderno de maior fulgor que o de Napoleão.

Pacatos funcionários públicos, fiéis ao ponto e à geléia de mocotó em dias de aniversário, trazem nos aparadores das salas de visita o busto, em terracota, gesso ou bronze, do Corso, e é com olhar terno – ternura de cão em face do senhor – que a mirá-lo se perdem em devaneios duma vida intensa como a do herói.

Peças do aparelho administrativo do Estado, é a formidável ação organizadora do grande colega que eles admiram? Não: é Arcole, é Iena, é Austerlitz; é até Santa Helena: – a atitude clássica com que o prisioneiro, a encarar o oceano, de pé sobre uma frágua, mão metida no peito do casaco, penetrou na posteridade – como eles, funcionários, de mão na cava do colete, penetram às vezes na fotografia.

Nas camadas baixas da plebe nortista Antônio Silvino é um germe de ídolo heróico. Se possuísse as qualidades sugestionantes do *meneur* e levantando após si uma horda de fanáticos se atirasse à conquista do país, ai de nós!

A meio caminho de Roma as legiões revoltadas de Galba haviam passado de "bandidos" a "beligerantes" e ao pisarem a via Ápia viraram "salvadores de pátria".

Vencer, impor as impressões digitais das manoplas de ferro, seja Pancho y Villa, César ou Silvino, é forçar as páginas da História e coroar-se em apoteose. Pancho está no fastígio; Silvino, na cadeia. Os heróis oscilam entre esses dois pólos.

A HOSTEFAGIA *105*

A guerra atual, soprando por terra o castelo de cartas do pacifismo, vem pela milésima vez demonstrar que é a guerra contingência iniludível da natureza humana, como fluxo e refluxo natural de povos ou entrechoque necessário de forças sociais em procura dum equilíbrio estático que a paz, pela inflação desmesurada da indústria, rompe; e vem demonstrar ainda como é compatível com a civilização, e como dela sofre influxos unicamente no sentido de modificar-se por artimanha das maravilhas saídas do laboratório – nunca, porém, no de extinguir-se.

A guerra atua como um crisol depurador: saem dela os povos transfeitos. A paz prolongada é Cápua – a de Aníbal e a de Tibério.

Nenhum povo detentor de alto valor histórico existe que o não conquistasse pela guerra. Grécia, Roma, Cartago, França, Alemanha... Em redor deles gravita como satélite o rebanho dos fracos, carneáveis como reses.

A nós, brasileiros, nada escasseia mais do que o sentimento belicoso.

O pacifismo edulcorado da alma nacional é pura covardia num planeta destes. Talvez ali na Lua conviesse tal meiguice de ovelhas: aqui, ainda não.

Eternamente arranhados nos atritos com os fortes, iremos vivendo a vida risível do boi de corte, até que um dia nos cheguem a faca à nuca.

O marasmo ambiente, que os sociólogos indígenas procuram debelar com mezinhas de mulher velha, só se curaria com o estímulo sistemático da belacidade adormecida no seio de toda criatura humana.

Espicaçá-la, espertá-la, alimentá-la, criar a ebriedade coletiva dos fortes, arrastar o povo à luta seria um programa de gênio ao ditador-estatuário que se apossasse desta inerme massa humana, tão plástica, e a plasmasse, com mãos heróicas, pelos moldes mavórticos.

E nos desse uma guerra ao cabo de aprendizagem, como complemento de programa e prova final.

É mister arrancar a venda dos olhos: a guerra foi, é e será. Luta de classes, luta de partidos, luta de povos, luta de raças, viver socialmente é lutar. Criem os filósofos, nos seus tonéis, as suaves ficções de Platão e Thomas Morus: – cá fora, a soma dos instintos trogloditas que a alma humana entremostra mal estala o verniz da "moralina", é uma força mecânica irredutível, diante da qual se esboroam tanto a bondade de Jesus como as concepções altruístas dos Comtes.

A guerra européia ensina, ainda e sempre, a eterna glória da Força aureolada de heroísmo; indica ao povo que "queira" viver a senda a trilhar na arrancada para o futuro.

Se seus lances nos deixam frios, é que pertencemos à velha escola romântica de Napoleão. Nossos netos, porém, plasmados em outros moldes mentais, saberão extasiar-se ante o naturalismo da arte bélica ora em vigor. Saberão sorrir de Aníbal e de Leônidas, mas cairão extáticos diante do telefunkista que, escondido com a sua antena num recanto ignorado, remete a vitória aos seus, montada numa onda hertziana.

O espião que ilude o inimigo e com hábeis manobras lhe inutiliza um ingente esforço, dando ao seu país uma vitória fácil, provocará lágrimas de entusiasmo.

A nós inda não sabem tais coisas; temos o paladar clássico; com os seus antiquados figurões, Plutarco viciou em excesso a nossa estética da heroicidade.

Ainda assim já vamos compreendendo algo dos ideais de amanhã. O hurra épico da tripulação de um submarino a saudar a deflagração dum torpedo de encontro ao casco do couraçado inimigo, já o pomos em pé de igualdade com o olhar de Aníbal em Canas, ao ver a seus pés, dormindo o derradeiro sono, as legiões de Varro.

Dos ensinamentos da atualidade já se depreendem vagamente as diretrizes da guerra futura. Em matéria de armamento, caminharão os Estados como até aqui, guardando uma equilibrada equivalência. O serviço de espionagem não permite avantajar-se um mais que outro.

Em matéria de disciplina, Roma e Alemanha provaram-lhe a eficiência; os exércitos futuros, eslavos e chineses, serão a mesma massa mecanizada, dirigida por botões elétricos do alto da torre dos estados-maiores.

Resta a cozinha.

A parte relativa ao suprimento de víveres é suscetível de

imensa transformação – e vencerá, está claro, o melhor serviço de intendência.

Neste, no seu aperfeiçoamento, encontrar-se-ão a inventiva dos sábios e o engenho dos burocratas.

Fala-se já na alimentação artificial obtida pela síntese química. Mas a solução de gênio está na "hostefagia".

Que coisa é isto? Comecemos do começo. A filosofia de Nietzsche, com a concepção do Eterno Retorno, mostra como os ciclos biológicos se repetem. O supercivilizado remata a cadeia da sua evolução reatando o elo final ao elo inicial perdido na noite dos tempos, no casebre dum ante-histórico lacustre.

Já Wells, num maravilhoso livro de previsão, denuncia a humanidade futura cindida em duas castas, Elóis e Morlocks, aqueles puros alfenins de carne tenra, estes puros aimorés subterrâneos. Como desenvolvimento final das classes operárias de hoje, são os Morlocks os detentores da força e criam os Elóis em palácios maravilhosos, com extremos de carinho, para... comê-los.

Que muito, pois, adotem os futuros beligerantes a antropofagia como o caminho mais curto para a solução do problema alimentar dos exércitos?

O óbice está na palavra. Eliminem-na, que é bárbara e brutal; criem um vocábulo novo, "hostefagia", por exemplo, e meio caminho estará vencido. Organize-se em seguida o serviço de modo que nada lembre, ao soldado que mastiga o bife suculento e bem assado, as cenas do zelandês a estraçalhar nos dentes a carne sangrenta dum inimigo.

A ciência vai desde já destruindo estes injustificáveis engulhos sentimentais. Os laboratórios demonstram que a carne é um músculo composto de fibrina, caseína, albumina, graxas e fosfatos, e que é assim tanto no boi como no homem. Quimicamente, pois, não se justifica o velho preconceito.

Estas noções repugnarão seu tantinho no começo, por virem contrariar idéias muito arraigadas; mas para vencê-las aí está o mestre-escola que venceu em Sadowa e a Agência Havas que vence de Sadowa para cá.

Uma propaganda bem organizada a partir de berço dentro duma geração terá habilitado os governos a aplicar aos exércitos em campanha a solução hostefágica, com imensas vantagens para o Tesouro e os fins colimados pelos futuros Alexandres.

O povo que primeiro vencer o preconceito bromatológico do seu exército terá o mundo a seus pés. O que mais onera uma campanha e mais dificulta a ação beligerante é justamente o peso morto e atravancador do complicadíssimo aparelho de manter cheio o tonel das Danaides do estômago.

A substituição do sistema atual pelo indicado barateará a guerra a um mínimo risível, além de que dará velocíssimas asas aos exércitos. Para atirá-los contra o inimigo, inúteis as frases de arrepiar o entusiasmo à moda de Napoleão, como também inútil mostrar às tropas, em boletins chorosos, a imagem da pátria em perigo, tudo esperando do esforço delas. Basta, após um dia de jejum forçado, mostrar o inimigo pela frente: "Dentro daquelas trincheiras, camaradas, trezentos mil inimigos vos espiam, gordos, de carne tenra, ótimos para rosbifes!".

E ai do adversário!...

Já o homem se afez, por um longo treino, a outras idéias fecundas: o saque, o incêndio, a carnagem do não combatente, a violação das mulheres; está preparado, pois, para a hostefagia, a qual tem a seu favor, além do mais, a química e a lógica.

Entre saquear uma cidade, esmagar pelo bombardeio a colméia humana inerme, cheia de pobres velhos, mulheres desvairadas, criancinhas retransidas de pavor – e comer uma carne que a análise demonstra ser tão nutriente como a do carneiro, vai em favor da última hipótese tudo quanto há de mais cristalino em matéria de bom senso e de bom coração.

Será esta, supomos nós, uma das faces mais curiosas e mais fecundas em resultados positivos da guerra de amanhã.

A futura Roma, dominadora do mundo por vir, será a nação assaz inteligente para antecipar-se às demais na adoção da hostefagia – para antecipar-se, digo, porque as vantagens são tão positivas que logo depois, sem discrepância, a humanidade inteira a adotará.

O soldado de hoje, que por uma falha no serviço de intendência se vê privado da ração e todo se estorce na fome, como não invejará as boas digestões dos seus netos, nas guerras do ano 2000, quando o luxo dos batalhões for trazerem Vatéis a seu serviço, hábeis no preparo de bifes de carne humana!...

Teremos chegado, então, à sonhada idade de ouro.

Como se formam lendas

Em belas conferências explora Afonso Arinos o veeiro inexaurível da lenda – alma das raças cristalizada pela tradição.

Porque no anelo vago, embora premente, de refugir ao prosaísmo da vida, que toda se resume no comer o pão de hoje, digeri-lo sob um teto e amassar o de amanhã, o homem do povo – seja um ilota de Atenas, em trânsito pela rua da Cerâmica, apregoando figos de uma quinta à margem do Ilisso, o qual cruza Péricles, a caminho da Ágora, a discutir com Fídias um detalhe do Partenão; seja um caipira de Areias, que sobe a rua do Cabrito anunciando grumixamas dum quintal que dá para o Ribeirão Vermelho, o qual cruza o promotor, a caminho do fórum, a debater com o juiz o caso duma goteira na sala do júri – o homem do povo despica-se da materialidade deprimente desferindo vôos pelos intermúndios do sonho.

A insofreável musa do Devaneio encarcerada em cada peito humano, seja Guilherme Shakespeare ou Zé Pichorra, deturpa a realidade, enfolha-a, enflorece-a de poesia – da sã poesia que se não molda por figurinos mas sai da alma com a espontaneidade de perfumes vaporados de resedás – por exalação funcional.

Tal poesia é a matéria cósmica da lenda.

O Olimpo grego!...

Os gregos estilizaram-no em verso, escultura e teatro, de Hesíodo a Scopas. Antes, porém, o Olimpo viveu em massa informe a bosquejar-se na imaginação do heleno, a bruxulear nos sonhos dos vagos pelásgicos, frígios e fenícios interferentes na gênese grega. E, remontando inda mais alto, vislumbram-se-lhe as primeiras lucilações na grande madre asiática do planalto donde tudo saiu, inclusive a mancenilheira desta civilização que ora explode numa suprema safra de sangue.

Toda a arte antiga bebeu na fonte copiosa do riquíssimo "lendário" heleno, e de lá até nós nunca o velho tronco cessou de abrolhar vergônteas, viçosas nas Renascenças, bichadas nas Decadências, com o forte poder de sedução que leva Cellini a esculpir *Perseu*, quando podia esculpir um *condottiere* de seu tempo, e Coelho Neto esboçar *Ártemis*, quando tanta Artemísia da cidade e do sertão anda ignorada a pedir pintura.

A poesia, neste nosso recanto do mundo onde a virgindade da terra induz uma arte autóctone sem placentas no acervo clássico, não se forra de tecer fiorituras e farfalhar variações sobre os velhos temas gizados na Grécia.

Tão grande foi a infiltração mundial grega que ainda hoje a percebemos a palpitar viva na linguagem diária, e até no ramo mais pessoal da vibração emotiva – o amor. Neste momento, como sempre, vai pelo país, de Pelotas a Macapá, um intenso murmúrio de amor, chocalhado em sonetos, serenatas, cochichos. E de envolta em luar e choro de violão, garatujadas em papel cor-de-rosa, amelaçadas em falinhas trêmulas, regiram incessantemente as velhas gazuas gregas abridoras de corações femininos.

Desenvolve-se um malabarismo intenso de setas de Cupido, sorrisos de Cloé, néctares, ambrosias, musas, Leandros ansiosos por morrer ao pé de Eros, tudo aromatizado com florinhas de malva, enfeitado com mechas de cabelo atadas de fitinhas verdes e, para maior dose de tom local, sabiás, graúnas, iracemas – a fauna e a flora inteira da paleta de Alencar.

Não há palerma, por mais canhestro em exalar as comichões do coração, que, arranhado num cinema pelas olhadelas escorridas duns 17 anos de saia, não chimpe em carta rósea três metáforas, em duas das quais, pelo menos, não figure um helenismo clássico.

São meras imagens hoje, de curso forçado, como moedas de níquel para o troco miúdo do sentimento; remontadas à origem, todas imbricam numa lenda grega.

No ubertoso alfobre se geraram pela ação lenta do polipeiro em torno dum ponto de pega inicial.

Do mesmo modo que no polipeiro, pelo acamar dos exsudatos calcários, se vão erguendo no oceano grandes ilhas de coral, assim os exsudatos poéticos da imaginação coletiva se vão consolidando nas grandes lendas da humanidade – catedrais de Sonho que se chamam Olimpo ou Niebelungen.

Seu autor é sempre o vago "Nemo", o mesmo vago arquiteto das catedrais góticas.

O povo, na ingênua simpleza da inconsciência, cria; o artista "estiliza" – e por fim o sábio alemão as aquartela na disciplina de um sistema, dentro de um regimento de tomos.

E desfeitas em mil bocados, sob forma de imagens, dão as lendas volta ao mundo para marchetaria poética da emoção, tal qual a árvore de coral se dissemina por toda a terra, quebrada em pedacinhos, para ornamento de braços, dedos e lobos de orelha.

O "lendário" grego diz bem claro do povo que o concebeu. É bem filho dos marinheiros que borboleteavam de ilha em ilha pelo Mediterrâneo, ao cair da noite metiam a nave em seco e dormiam descuidosos sob o tremelicar das estrelas, sonhando incomparáveis sonhos.

A saúde dos homens, a formosura das mulheres, a lenidade do clima, o azul do céu, a vida livre e movimentada, criaram o ritmo daquela beleza – inexcedida na escultura e no sonho.

Entretanto, nem todos os sonhos se afinam pelos mansos cânones da serenidade. Há o pesadelo. E para o norte, em região polar à grega, sonhos agitados deram origem a outro "lendário" formidável.

Os rios da Germânia não deslizavam amáveis como o Escamandro, mas rugidores como o Reno; as árvores não se reuniam em bosques arcádicos, como assembléias de epicuristas vegetais – mas em negras massas de carvalheiras milenárias, cujo vulto assombrava as próprias legiões romanas. E muita sombra, muito contraste violento de claro e escuro. E pântanos insidiosos, e feras e perigos.

Os homens louros, senhores da terra, eram espadaúdos gigantes que as mães criavam ao relento, nus, para enrijá-los desde tenros anos ao léu das invernias ásperas.

Em guerra permanente de tribo com tribo, nos intervalos sonhavam pesadelos fantásticos.

O deus daqueles nórdicos não mostrava o bom humor e o bom-tom de Júpiter; em vez de néctar, bebia sangue humano; não desceria à Terra disfarçado em touro para raptar Europa, senão para mastigá-la, crua, com maxilas de tigre. Odin lembra um Marte a quem faltaram no céu os beijos de Vênus e o convívio amável de deuses galantes e galantíssimas deusas.

De tal ambiente só podiam brotar os Niebelungen – ingente pesadelo de ciclopes.

O ponto de pega inicial desse lendário foi, como sempre, uma luta de família.

Mas que violentíssimos sentimentos rugem ali!

Cremilda é o ódio sob a mais alta pressão; Brunhilda, a inveja; Siegfried, o valor sobre-humano; Hagen, o molosso da astúcia diplomática, espécie de Bismarck pré-histórico.

O dinheiro é o móvel de tudo – o grande tesouro despenhado, por insinuação de Hagen, nas profundas do Reno.

Faltava um personagem bastante forte para consolar a viuvez de Cremilda e dar braço rijo à grande vingança da sua idéia fixa. Aparece Átila, o buldogue huno, e com ele precipita-se um desenlace muito ao sabor do paladar germânico; chacina tremenda onde todos morrem com louco heroísmo, sob golpes de abalar a Terra e fazer piscar o Sol.

Entre estes dois cimos da grande lenda européia, Olimpo e Niebelungen, feições díspares da alma ariana que neste momento – Odin contra Marte – chocam os escudos na Flandres, lateja a hagiologia da Idade Média.

O ideal já não é a força, mas a fraqueza.

O herói cede o campo ao doente.

De Leônidas, defendendo as Termópilas, descamba para Simeão Estilita, vivendo sessenta anos, nu, de cócoras num cepo.

Nem sonho, nem pesadelo: histeria.

Da formidável coletânea de lendas de santos iniciada pelo imaginoso Simeão, o Metafrasta, e levada a cabo pela empresa ingente do bolandismo, que vasculhou a Europa inteira e por muitos anos entreteve na tarefa colecionadora os ócios de todos os mosteiros, resultou um montão de material hoje precioso para o estudo dos costumes da época.

As redadas bolandistas colhiam santos, e de envolta notas, observações, fatos positivos – lendas e realidades, em suma.

Mas quão longe se afastou o mundo da saudável pujança grega! O "lendário" medievo, ainda quando estilizado por um Eça de Queirós, cheira ao doentio, ao malsão, pelo exaustivo repisamento duma só tecla, a humildade anti-higiênica; se há beleza, é a beleza pálida das tísicas; e quando alteia vôos cai no sobrenatural de Santa Teresa em suas crises epiléticas. Valores pecos de decadência, diria Nietzsche.

De tão copioso manancial, uma lenda que sobrenadou e anda na boca do povo provém de simples erro de cópia. Um mau latinista vertia a lenda de Santa Agueda, martirizada junto com sua serva Undecimilla; fraco em bom senso tanto quanto em latim, o copista traduziu em algarismos o nome da serva. Daí, em vez do martírio de Santa Agueda e da virgem Undecimilla, resultou, para alta multiplicação da barbaridade romana, o martírio de onze mil e uma virgens dum bloco, valendo a serva por onze mil e Agueda por si só. O disparate provava demais, mas ficou assim para eterna memória da ruindade pagã; e entrou para o mealheiro das línguas como locução virginal de alta cubagem.

Esse copista seria, talvez, um remoto avô daquele tipógrafo que num verso vulgar de Malherbe,

Et Rosette a vecu...

cochilou na cesura e produziu coisa papa-fina,

Et rose elle a vécu ce que vivent les roses,
L'espace d'un matin,

fornecendo ao poeta uma tábua de sobrevivência eterna.

Talvez seja isto lenda. Não importa; cabe aqui e até avulta entre as mais engenhosas. E faz jus a que os tipógrafos a tragam em escapulário junto ao peito para indulgência plenária do muito que estropiam sem lucro evidente para as letras. E para que aprendam a errar com gênio, em proveito de poetas que não alcançariam glória imorredoura se o acaso não lhes desse a mão.

E de tudo se vê que a lenda vem do sonho. E que quando o sonho se crispa em convulsões por influências internas da atrabílis e externas do excessivo rancor aos fígados do próximo, vem do pesadelo.

E vem do histerismo, se somos santos e o povo crê em nossos milagres com piedade medieval.

E vem de erros de cópia, se o copista é mais forte em tabuada do que em latim.

E ainda pode vir de um "gato" de composição, quando o poeta é Malherbe e o tipógrafo um gênio...

A estátua do Patriarca

Em fins do século XVII cursava a Academia de Freyberg um brasileiro a quem se reservavam grandes destinos. Vinha da França, então imprópícia aos calmos estudos da ciência em virtude do vendaval revolucionário que a vascolejava. Companheiro, amigo e discípulo de Lavoisier, de Foucroy, de Chaptal, de Jussieu, trocara Paris pela remansosa Saxônia, onde se reuniam os estudiosos de toda a Europa, ávidos das lições de Werner, o criador da mineralogia, de Lampadius, de Freisleben, de Kohler, de Lempe e outros luzeiros da época.

Chamava-se José Bonifácio de Andrada e Silva e estudava a expensas do governo português, o qual reconhecera, por sugestão do preclaro duque de Lafões, serem as academias lusas estreitas demais para uma inteligência tamanha.

Concluído o curso de Werner, viajou José Bonifácio demoradamente pela Europa, escabichando com agudeza os segredos da natura. Áustria e Itália vêem suas entranhas perquiridas pela análise arguta do jovem sábio.

Já mestre e sempre discípulo, porque no sábio verdadeiro é insaciável a sede de saber, demora-se em Pávia a perscrutar com Volta as leis da força nova que Galvani denunciara. Estuda depois a constituição dos montes Eugâneos em Pádua e deita por terra as teorias de Spallanzani, Fortis e outros sobre a formação geológica daqueles terrenos.

Vai à Inglaterra, onde conversa o eminente Priestley, e em seguida à Escandinávia, onde se aprofunda em investigações mineralógicas de grande alcance.

Descobre várias espécies minerais, dá à ciência a petalite, a escapolite, a criolite, o espodumênio, e ganha com essas conquistas universal nomeada, tão grande que o astrônomo Karl Bruhns, em sua obra monumental sobre Humboldt, o coloca entre os companheiros do autor do *Cosmos* como "mestre da ciência", juntamente com Von Buch, Esmark e Del Rio. Bruhns, para completar esse quinteto de cimos, escolhe dentre inumerável legião de sábios contemporâneos *"der portogiese* Andrada". E isso em 1872, depois de revista e julgada pela crítica moderna toda a colossal massa de investigações científicas dos séculos anteriores.

Prosseguindo nos estudos daquele solo, classificou pela primeira vez inúmeras variedades minerais desconhecidas da ciência européia. O estudo em primeira mão da acanticone, da cocolite, da sahlite, da wermerite, da apofilita e outras são credenciais suas ao juízo de Bruhns.

Dez anos ou mais durou aquela peregrinação fecunda de tantas conquistas.

Entrementes, convulsionava o Velho Mundo a aura da Revolução. A França, escabujando na epilepsia da plebe desaçaimada pelo 89, dançava em torno da guilhotina, à batuta dos Marats e Dantons, a sarabanda macabra de uma democracia nua e violenta. A Europa feudal oscilava pela base aos ventos da idéia nova e coligava para a resistência todas as forças da tradição caquética.

É quando da Córsega surge o *condottiere* de gênio. Sua manopla de aço cai sobre a Revolução, sufoca-a e inicia a organização da nova ordem de coisas.

O movimento ultrapassa os âmbitos da França.

A cada passeio de Napoleão, desabam tronos, ruem monarquias, altera-se o mapa europeu e surgem dinastias novas.

A Península Ibérica não escapa àquele destino.

Junot e Soult entram em Portugal e assistem à fuga desapoderada de um governo poltrão; rei, corte, ministros, nobreza voltam costas ao invasor e demandam a colônia remota de onde possam, com a trincheira do Atlântico de permeio, declarar, calmamente, guerra à França, à sobremesa dum banquete.

Mas para honra de Portugal não emigrou com o rei o heroísmo.

O povo, sem governo, sem direção, sem chefes, armou-se guerrilheiro e investiu contra o invasor.

José Bonifácio desvenda então a face heróica da sua alma. Comandante duma guerrilha, bate-se encarniçadamente contra o inimigo e em Figueiras, como em Nazareth, desbarata facções do marechal Soult.

Não esmorece nunca, luta até o fim e só larga a espada quando vê o solo do velho reino limpo de invasores.

Despe então a veste do guerrilheiro e toma a vara do administrador. Trabalha na obra de restaurar a ordem subvertida pela patuléia que a ebriedade da vitória e a ausência do rei tornaram insolente e cruel.

Breve enoja-se das ingratidões e da miséria ambiente. Era muito nobre e puro para suportar a grosseria do meio.

Pensa na colônia donde saíra menino.

Toma-se de nostalgia.

Põe na terra natal os olhos saudosos e sonha um grande sonho.

Sonha um império novo, uma civilização nova na terra virgem, costumes novos e um ambiente novo isento do hálito constritor da tradição que envenena a vida. São fragmentos desse sonho as palavras suas num memorável discurso pronunciado na Academia de Ciências de Lisboa: "Consola-me igualmente a lembrança de que, de vossa parte, pagareis a obrigação em que está todo o Portugal com a sua filha emancipada, que precisa pôr casa, repartindo com ela vossas luzes, conselhos e instruções".

Que precisa pôr casa!...

Nunca tão pitorescamente se delineou uma revolução, nem com tanto mimo se poetizou a criação duma nacionalidade.

O sonho cristaliza-se em idéia.

Montar casa própria a uma colônia muito irrequieta, muito rica, muito viçosa para permanecer ajoujada à Metrópole como humilde criada de servir!

Nesse mesmo discurso seu grande coração traça toda a súmula dum formoso programa: "E que país esse, senhores, para uma civilização e para um novo assento da ciência! Que terra para um grande e vasto império!... Seu assento central quase no meio do globo; defronte e à porta com a África, que deve senhorear, com a Ásia à direita, e com a Europa à esquerda, qual outra nação se lhe pode igualar? Riquíssima nos três reinos da natureza, com o andar dos tempos nenhum outro país poderá correr parelhas com a nova Lusitânia".

"Punha depois em paralelo" – diz Latino Coelho no seu magnífico elogio – "as condições políticas da colônia americana com as enraizadas e abusivas instituições da velha Europa.

Ali nenhuma influência teocrática poderia empecer ou amesquinhar a civilização. O clero era abastado, porém não opulento e dominador; os claustros, poucos; escassa em número a gente da nobreza e da classe mais poderosa, cujo predomínio e ambição é perigosa à liberdade e ao equilíbrio social".

Quando um sonho desta amplitude senhoreia uma alma ardente como a de José Bonifácio, está a vida do homem de rota mudada. Morre o sábio para nascer o político. Não mais pode se preocupar com o estudo paciente da natureza bruta – matéria morta – quem vê a pátria – matéria viva – escabujar presa ao tronco de feroz escravidão.

O companheiro de Humboldt, o "mestre da ciência", sai do laboratório para penetrar na História.

Deixa Portugal e na terra pátria assume a direção do movimento separatista. Cria-lhe uma alma e um norte.

As forças vagas, instáveis, da nacionalidade nascente concentram-se nele como em seu expoente natural.

José Bonifácio resume em si a pátria, incuba-a no coração e no cérebro e, com a extraordinária lucidez da sua inteligência apetrechada em decênios de cultura intensa, organiza o 7 de Setembro.

Trabalha na sombra.

Sua força é a fé.

Sua arma, a sugestão.

Seu fito, o grito do Ipiranga.

O trabalho que desenvolve é muito intenso para que diante dele se não esboroem todos os óbices; seu poder de sugestão é muito forte para que não conquiste o príncipe regente; sua mirada é muito firme para que o tiro não atinja o alvo.

Venceu.

A pátria punha casa, afinal, e era ele quem lhe ordenava a disposição dos móveis e as normas da vida livre.

José Bonifácio aí culmina. É o Washington do Sul.

Menos feliz, porém, que o do Norte, vê a vida do país tomar rumo que lhe preluzia errado.

Abre luta contra as correntes radicais e contra os homens maus.

Perde a partida.

Como o mais nobre de todos, e o mais puro, acaba vencido pelos mais jeitosos – o que está na lógica de todos os tempos.

Naquela época não era conhecida a panacéia da adesão inventada a 15 de Novembro, espécie de "cola-tudo" de maravilhosa eficiência. Os grandes homens quebravam, mas não aderiam. A mucilagem adesiva nasceu em 89 para que os grandes homens possam afirmar preto hoje e jurar branco amanhã, sem um interregno de ostracismo de permeio.

Conheceu então José Bonifácio o exílio, o glorioso exílio de todos os grandes heróis. Fixou-se na França e de lá chorou a pátria moça – menina voluntariosa e de pouco juízo, que preferia à sabedoria do seu organizador os rapapés lisonjeiros dos vivedores mal-intencionados.

Não foi longo o exílio – se é que se medem exílios a cronômetro.

A contínua agitação do país criou estado de coisas que lhe permitiu o regresso. Voltou. Logo em seguida o imperador, desistindo de compreender os caprichos da monarquia menina, passava o cetro às mãos do filho; e ao deixar de vez o povo, que também o não compreendia, relanceou o olhar em redor em procura dum homem capaz da tutoria imperial.

Escolheu o mais digno: José Bonifácio.

E partiu com a paz n'alma, certo de que em melhores mãos ninguém nunca deixara um filho.

A nossa história é parca de momentos empolgantes. Possui vários, todavia. Entre eles nenhum vale o em que José Bonifácio assiste com sua direção a Pedro II infante. As duas figuras máximas da nossa história conjugam-se ali. O velho patriarca dá os conselhos da sua experiência ao menino que incubava Pedro II...

Não durou muito o soberbo espetáculo. A malevolência, essa tara racial, esse hermismo que interfere sempre na vida do país para afastar da suprema direção a superioridade mental, chame-se ela Pedro II ou Rui Barbosa, mostrou os dentes na Menoridade e deu com o patriarca num cárcere.

Processado como conspirador, foi absolvido.

Recolheu-se à ilha do Paquetá, e em 1838 finou-se na cidade de Niterói.

Eis aqui José Bonifácio.

Digno de figurar ao seu lado a história americana só nos aponta Washington; ambos amaram intensamente a pátria, à qual deram casa. Mais que Washington, foi sábio; tanto quanto ele, foi guerreiro, foi político, foi nobre, puro, generoso. Lá como aqui, o vulto dos dois homens ocupa um cimo inacessível. Todos os mais para enxergá-los têm que erguer a cabeça.

José Bonifácio é, sem contestação, o vulto máximo da nossa história.

Pois bem: este homem era paulista. Nascido em Santos, em 1763, decorre já um século e meio sem que acudisse aos paulistas a idéia de lhe erigir uma estátua. Não que lhe faça falta esse monumento. Grandiosíssimo ele o erigiu a si próprio nas incontáveis memórias científicas que publicou na Europa, a mor parte em língua alemã, nunca sequer traduzidas em vernáculo; e também na fecunda ação política em prol do *fiat* da nacionalidade...

O monumento faz-nos falta, a nós, porque sua inexistência nos cobre de vergonha, e justifica a maldição que do exílio lançou ele em versos candentes à má gente da época:

Maldição sobre vós, almas danadas!
A taça do prazer a vós vos saiba
Como o mel venenoso das abelhas
Da cisplatina plaga.

Felizmente São Paulo, voltando atrás, resolveu pagar a dívida de gratidão para com o maior dos seus filhos.

O monumento salvador dos nossos brios está prestes a erguer-se em bronze numa praça pública.

O Congresso Legislativo do Estado acaba de votar uma verba de 200 contos para a ereção duma estátua... ao general Glicério!

Sara, a eterna

Paris, 10 – Os alemães tomaram Riga.
Paris, 10 – A grande trágica Sara Bernhardt amputou ontem uma perna.

Lembrará a alguém, cá pela
América, uma atriz de nome Sara Bernhardt, que floresceu na Armórica antes da conquista romana?

Que floresceu, viçou e frondejou por lá, levando à cena o *Hamlet* do velho Will, diante de platéias apinhadas de cabeludos celtas frementes de entusiasmo?

– É bem velha, então!

– Velha? Tolo que és! Fica sabendo que já vinha de trás. A paleontologia averiguou que no mesozóico bandos de iguanodontes rabearam estrepitosamente, sob o dossel de fetos copados como jequitibás, remexidos no âmago de uma estesia jurássica pelas inenarráveis delícias da sua *voix d'or*.

O seu vulto magro deixou escabujante de amor oolítico o coração duma dúzia de plesiossauros. Não teve conta o número de mamutes e megatérios que deram cabo da vida por motivo de ciúmes, ao vê-la requebrar-se em denguices para as arqueópterix machas.

Consta ainda, das sábias investigações de Lyell, que recitou as *Orientais* de Hugo nas cavernas do *Ursus speloeus*, e que provocou um duelo de morte entre um labirintodonte e um tremendo dinotério derrancado de paixão.

Mais tarde enlevou a alma do nosso peludo avô, o pitecantropo ereto, arrastando o pobre macaco-homem a loucuras muito próprias do moderníssimo *Homo sapiens*.

E depois de extasiar gerações inteiras de trogloditas, veio pela História acima, através da pedra lascada, da pedra polida, do bronze e do ferro, até o alumínio que somos hoje.

Com o andar dos séculos mumificou-se, está claro, e múmia conhecemo-la nós – mas, a verdade seja dita, bem espinoteantezinha ainda.

E cá, no mundo moderno, o atravancou literalmente com as mil maluqueiras do seu genial cabotinismo, entre as quais não foi das piores um esquife armado em essa funerária no seu quarto, onde dormia vestida de morta.

Qualquer página dos Anais da Terra que abramos, lá está ela a nadar no mar da evidência.

Patagônia, Chile, Zâmbia, Tibete – não há pedaço de globo que Sara não pisasse na faina de colher glorificações.

Entre nós esteve por duas vezes.

Sua *voix d'or*, esmoendo alexandrinos de Hugo, tremelicou no extinto Politeama, pondo tremuras de vibração sagrada naquelas veneráveis telhas de zinco que um fogo abençoado estorricou.

Nossos oradores, em arroubos de eloqüência a cem graus, desabrocharam-se diante dela de todas as flores de retórica que lhes tumescia o estro poético.

Aplaudiu-a o nosso povo com frenesi, juncando o palco de flores e chapéus, além de gretar as mãos num palmear de arromba-tímpanos.

À saída do teatro, a geração acadêmica que hoje vai nos 50 anos e, repimpada no governo, sabiamente dá cabo ao canastro do país, atrelou-se-lhe ao carro e passeou-a pelas ruas da Paulicéia, relinchando os mais entusiásticos vivas jamais relinchados de garganta humana.

Agradecida, a genial cabotina apresilhou na lapela da Paulópolis ingênua a comenda de Capital Artística do Brasil...

Correu depois as três Américas, entre epinícios, flores, puxadelas de carro a pulso humano e mais modos de pasmar da colombina gente.

Na Yankia, concebeu um teatro ambulante, de armar e desarmar, e andou do Farwest ao Klondike assombrando *cow-boys* e reis de petróleo com as sonoridades aurifonantes da sua nunca assaz decantada voz.

Por meio do telégrafo, das crônicas, dos jornais, da gravura, do romance, do cartão-postal, manteve o mundo em sessão permanente de êxtase diante das suas maluquices, do seu gênio, do seu féretro, dos seus ossos pontiagudos, das suas *interviews*, da sua magreza de louva-a-deus, dos seus amantes principescos, do seu cheiro de defunto.

Mas veio a guerra – e pela primeira vez desde o megatério a divina Sara foi olvidada.

O mundo, de olhos, ouvidos e comentários postos na grande chacina, teve a audácia de esquecê-la.

Sara, amuada, que faz? Corta uma perna e joga com ela por cima do orbe!

O pernil deu volta ao mundo, como um bendengó telegráfico, e fez por instantes esquecer a rinha européia.

Mas o mundo raciocinou: a guerra passa e Sara fica: – volvamos a atenção ao que é transitório.

E eis que Sara recai no olvido...

Mas à grande atriz é-lhe condição de vida morar permanentemente na ponta da língua do comentário universal. Não suporta o ostracismo. Custe-lhe embora a perna restante, há de chamar sobre si nova olhadela do mundo.

Esperem, pois, que nova perna virá.

Depois, vê-la-emos remessar-se outra vez à tona da publicidade por meio do braço esquerdo.

E o braço direito virá a seu turno, pelos ares em fora, como cartão de visita com um dístico relembrativo – *"Remember Sarah"*. E, por fim, recurso derradeiro, vê-la-ão os pósteros degolar-se e rolar a cabeça *ebouriffée* por continentes e mares, na ânsia insofreável de um supremo gol.

– E será o fim da velha Sara...

– Ingênuo! Ficará o tronco; os netos dos nossos tataranetos inda aplaudirão o *Aiglon* levado à cena por um "toco" trágico, sem pernas nem braços, nem cabeça. E lhe ouvirão a eterna *voix d'or* em ventriloquia, ou cuidadosamente reproduzida por um fonógrafo arrumado entre o baço e os rins.

– ! ! !

– Porque Sara Bernhardt personificou a sério o seu *"Quand même"*, e o mundo, paciência, é roê-la até a consumação dos séculos...

Curioso caso de materialização[*]

A sobrevivência espiritual é um fato.

Os intermúndios andam povoados de sombras, ou larvas, ou almas, que às vezes se dão ao luxo duma temporária reencarnação. Agora pelo Carnaval tive prova disso.

Deambulava eu a desoras por uma praça vazia, pintalgada de confete, com estilhas micantes de lança-perfumes nos passeios e fitas serpentinas a balouçarem-se das árvores, quando divisei na minha frente uma sombra a medir passos, meditativa. Botas à Frederica, chapéu de canudo à 1870, sobrecasaca de cintura – um homem evidentemente fantasiado de Camilo Castelo Branco, como o pintam as capas vermelhas da edição Chardron. A tantas, o figurão apanhou da poeira um pedaço de papel, que examinou com atenção à luz do gás. Cruzei-me com ele, cortejei-o. A sombra retribuiu a saudação e interpelou-me:

– Moço, está certo de que esta terra é uma que Álvares Cabral descobriu, a contragosto, séculos atrás?

Encarei-o a fito: era Camilo em pessoa – a bigodeira, as maçãs salientes, o ar escaveirado... Estremeci e balbuciei:

– É, mestre, isto é o Brasil ainda com s ou z à vontade.

– Inda reina Pedro II, o neto de Marco Aurélio?

– Onde vai isso! É morto o grande velho; baniram-no pelo crime de ser bom, justo e sábio. Ocupa seu lugar um bando de "maiores brasileiros vivos" que, a falar a verdade, somados e

---

* Na 1ª edição este artigo trazia o seguinte subtítulo: "Camilo Castelo Branco em São Paulo". Nota da edição de 1955.

multiplicados uns pelos outros, não valem o sabugo da unha do mata-piolho do velho.

— E que língua se fala por aqui?

— A portuguesa, está claro.

— Não me parece — objetou a sombra, sacando das algibeiras o papelucho apanhado na rua. — Conheço-me em vernáculo, chamaram-me mestre durante a vida terrena. Ora, sucede que neste periódico vejo um anúncio em língua que não é a minha, nem é língua viva ou morta de meu conhecimento. Será o idioma do futuro? É nesta sopa juliana que os da terra se entendem?

Corri os olhos sobre o papel e corei: o anúncio estava redigido no dialeto dos elegantes.

TRIANON

Estabelecimento para gozo das exmas. famílias

DINERS CHICS A PRIX FIXE

Menu

CONSOMMÉ AUX REJETONS

RIZ AU FOUR À LA KYRIAL

SUPRÊME DE TURBOT

COEUR DE MACASSIN

CRÊME PRINCESSE

ETC.

FIVE-Ó-CLOC-TEA

Aos domingos diners concerts chics a prix fixe com menus delicados.

— Tem razão, mestre. Isto é um produto da podridão do chique.

— Quê?

— Diz-se cá destes vórtices de elegância: "podre de chique!".

Camilo olhou-me comiserado; depois, baixando os olhos para o papel, comentou:

— Já o nome desta baiúca me não soa bem. Batizar uma casa de pasto, cá na América, com o nome dum antigo castelo francês, sabe-me a disparate. Que é que lá se faz?

— Come-se, bebe-se, dança-se...

— O nome, então, deveria ser "À Comedoria Paulistana", ou "Aos Bebes da Avenida", ou "À Grossa Pagodeira", coisa assim toando com as funções do negócio. Mas vá lá. Quer o Cândido de Figueiredo que nome cada um pinte o seu como lhe apraz. Noto, entretanto, este adendo explicativo: *estabelecimento para gozo das exmas. famílias.* Estabelecimento para gozo! Que parvoiçada é esta, moço?

– O mestre a definiu: uma parvoiçada.

– E este *Five-ó-cloc-tea*? Cheira-me a inglês, mas não é inglês, salvo se da Bosquimânia. O *clock* no meu tempo trazia um "k" final, muito gracioso como enfeite coccigeano da palavra. Comeram-no, por quê? São *kafagos* os teus coetâneos, moço? Adiante: *Aos domingos diners concerts chics a prix fixe com menus delicados.* Que soberba nabiça! Na Somália nenhum soba letrado comporia melhor salada de batatas. Como não há no período palavras grifadas, suponho que o que me parece francês são vocábulos já naturalizados no país. Acho razoável que a língua adote termos exóticos quando os não possui correspondentes. Mas neste caso *diner* diz mais que jantar? *Prix fixe* é coisa diferente de preço fixo? *Menu* vai além da carta ou do cardápio? Que motivos levam vocês a pintalgarem a língua destas excrescências inúteis?

– A elegância, mestre.

– E que coisa é a elegância?

– É isto, mestre: uma sensação, uma sugestão. Quando dizemos: *a senhora Fulana*, sentimo-nos chinfrins; mas se dizemos: *Madame Tal*, oh gozo d'alma! Um bafo de parisianismo nos brumeliza por dentro e por fora. Incapazes de realizar a verdadeira elegância, que é um modo de ser e fazer desembaraçado, fácil, sem constrangimento nem excesso – uma justa medida no movimento e na atitude –, nós inventamos esta maquiagem do gosto, da palavra, dos sentimentos. E impamos, admirando-nos uns aos outros com ares parvajolas.

– No meu tempo chamava-se isto macaquice. Vejo que ela progride, pois não!... – disse Camilo e, voltando ao tema, continuou: – Leio cá: *diners chics*. Outrora, quando um jantar era um jantar, se lhe apensavam um qualificativo este só dizia respeito ao seu valor culinário ou nutriente – jantar suculento, jantar opíparo, jantar à moda velha. Mas este "jantar chic" sabe-me a "laranja sutil", a "pão elegante", a "ananás janota", a "feijoada distinta de maneiras", a "batata grácil" e quejandas asnidades.

– É a elegância, mestre, é o requinte!

– Espanta-me também o que os elegantes comem. *Crême Princesse*. Que coisa é?

– Uma gemada qualquer, mestre, a excelência do prato está no nome.

– *Suprême de turbot...*

– Isso é uma papa de cação de Santos.

– *Coeur de mar...* quê? *Ma-cas-sin... Marcassin!* Salta rumor! Na França chamam aos bacorinhos, ou leitões, *marcassins*. Aqui os *kafagos* são também *refagos*. Comem, além do coração do porquinho, o "r" do *marcassin*! Por que não dizem às claras – leitão?

– Ah, mestre, que ingenuidade a vossa!

– E este *riz au four*? É arroz de forno, evidentemente. Mas, amigo, se o que vocês comem é o porco e o arroz, e se o fato de dar o nome de *marcassin* ao porco e *riz* ao arroz e *four* ao forno não melhora o sabor do quitute, por que esta parva mentira da desnaturalização dos pitéus?

– Ah, mestre! Como estamos longe do vosso bom senso! A cultura refinou-nos. A civilização cresce em Vila Mariana como a mamona. Adquirimos tanto *goût* que, por instinto, o nosso organismo, num *diner* elegante, repeliria com *vomissements incoercibles* um *plat* nomeado à portuguesa, charramente: arroz de forno, leitão assado. É mister que eles venham, embora não mudados de substância, transfeitos em *marcassin*, ou *riz au four à la princesse Quelque Chose*. Só assim as fibras da estesia gustativa nos tremelicam de gozo e dos olhos nos correm lágrimas a *Brillat Savarin*.

– Mas o povo desta terra não espinoteia de riso diante da macaqueira?

– O povo abre a boca. Mas que importa o povo? Valem as elites, e para estas é prova de suprema distinção receber lições de elegância do Vatel que organiza a macaqueira e dos garçons que a dirigem. Nos *diners*, é de bom-tom falar nessa língua burundanga e mastigar com religiosa unção todos os *macassins* apresentados, fingindo não saber que aquilo nasceu e cresceu num chiqueiro. Os gestos, o modo de pegar no garfo, os movimentos das maxilas são, no elegante, pautados por um código de que os garçons são os fiscais. O grande castigo é incorrer num sorriso comiserado do garçom. Dum elegante contam que, certa vez, inadvertidamente, comeu o peixe com a faca, e como, caído em si, vislumbrasse um sorriso irônico na cara lavada do garçom, ali mesmo deu cabo da vida a tiros de revólver. Não pôde sobreviver à desonra, o desgraçado!

– Estes garçons tão poderosos serão acaso plenipotenciários do Instituto da França, ou coisa que o valha, aqui destacados em missão civilizatória?

– Nada disso, mestre. São uns pobres-diabos que na terra natal foram lacaios e aprenderam, espiando da copa, os hábitos dos patrões. Postos no olho da rua, enfiaram-se num porão de navio e, aqui, com grande assombro deles próprios, viram-se transfeitos em mestres e árbitros do bom-tom. Dão-nos a comer o que lhes convém e obrigam-nos a comer como lhes apraz.

– Os paulistanos, então, não comem o que querem?

– Oh, não! Comer o que se quer é regionalismo sórdido. Come-se o que é de bom-tom comer. Manducar leitão assado, picadinho, feijoada, pamonha de milho verde, moqueca e outros petiscos da terra é uma vergonha tão grande como pintar paisagens locais, romancear tragédias do meio, poetar sentimentos do povo. Até o uso desta língua que herdamos está em via de tornar-se ignominioso. Na altíssima roda já a repudiaram para uma idílica mancebia com o francês argelino. Que dirá o estrangeiro se nos pilhar a comer (que horror, meu Deus!) tutu com torresmo, esta vergonhosa pitança regional, ou coisas semelhantes? E assim, na vida como nas artes, a vitória do *dernier cri* é completa. O estilo e a língua desse anúncio comentando atrás é o estilo vitorioso, o estilo de amanhã. Veja, mestre, a que altitudes ascendemos!...

Calei-me. Camilo sacudiu a cabeça como quem viu mais do que esperava. Depois disse:

– Sabe que mais? Vou desmaterializar-me já e já; volto aos intermúndios e lá darei à sombra de Cabral pêsames pela asneira que praticou. Receio que dêem vocês de criar pêlo no corpo e vos nasçam caudas no cóccix, e se ponham todos de repente a marinhar árvores acima com bananas na munheca – desmentindo Darwin. O inglês pôs o macaco no começo da evolução: vocês provam que ele acertaria melhor pondo-o no fim. *Au revoir!*

E lá zarpou para as estrelas a sombra do grande mestre...

Rondônia[*]

O romancista inglês H. G. Wells nasceu com três olhos – os dois de toda gente e um terceiro – esperem!

– agudíssimo, não se sabe localizado onde, cuja faculdade de devassar o futuro emparelha com a visão profética dos Isaías e Ezequiéis.

E a tanto vai o acume desse terceiro olho que num acesso de entusiasmo o senhor William Archer propôs que o governo britânico convidasse o romancista para profeta oficial, criando esse cargo no Ministério da Marinha – à laia de gávea da nau do Estado, donde Wells, o gajeiro, fosse prevendo escolhos e indicando sendas imperceptíveis à visão curta, porque normal, dos estadistas no leme. Espécie de consultor técnico sobre o futuro.

Não adotou a Inglaterra o alvitre proposto, ou temerosa de visões desagradáveis ao patriotismo inglês, ou porque Wells só lança vistas a remotíssimos futuros, variáveis de cem a oitocentos mil anos, caso em que o desvendamento do porvir deixa de ser politicamente interessante.

Do muito relativo às eras porvindouras que Wells entreviu avulta a perspectiva da humanidade em crepúsculo lá para anos que se numeram por centenas de milhares. É na *Máquina do tempo* que nos conta isso.

Um matemático inglês, refletindo ponderadamente sobre os princípios básicos da Ciência Perfeita, logo no limiar lhe

---

* Na 1ª edição este artigo trazia o subtítulo "Visão do futuro e visão do passado". Nota da edição de 1955.

assinalou brecha nas bases. Era doutrina assente e velha a noção dualística do Espaço e do Tempo. O nosso matemático, porém, após uma vida inteira de meditação, revogou o dogma, destruiu o dualismo, pondo de pé, em lugar dele, o unitarismo. O *Tempo é simplesmente a quarta dimensão do Espaço.* Figure-se um cubo. Poderá este sólido existir "instantaneamente"? Não. Logo, um cubo não existe apenas pelo concurso da altura, do comprimento e da espessura. Requer ainda uma quarta dimensão, que é o tempo. Ora, se o Tempo é uma dimensão do Espaço, o homem, que já se locomove nas três dimensões clássicas, por que se não locomoveria na quarta?

O balão vence a altura; a verruma vence a espessura; o auto devora o comprimento. Por que não inventar um aparelho de caminhar na quarta dimensão, nela avançando para diante ou para trás, no passado ou no futuro?

Bem amadurecida esta genial teoria, construiu o sábio a "máquina de explorar o tempo" – maravilha sem-par entre todas as maravilhas modernas.

De sua entrosagem e composição ninguém farejou isca; só se soube que quando em movimento entrava a desmaiar, como se se esvaísse, descondensando-se em névoa; e por fim sumia-se, qual cerração batida de sol ou ventilador elétrico cujas pás, conforme a velocidade, se fazem confusos discos.

O primeiro passeio dado nessa máquina foi de resultados estupendos.

O sábio abancou-se e deu volta às manivelas. Posta a engenhoca em movimento, o explorador sentiu um cambaleio, como a impressão de queda nos sonhos. O ambiente enublou-se e escureceu; logo após raiou a luz, que de novo cedeu o passo à obscuridade – e assim iterativamente. Era o intervalar da noite e do dia, a sucederem-se como o bater de imenso par de asas negras. Com o crescer da velocidade doía-lhe na vista aquela alternação, como um piscar amiudado; o Sol era, não a bola do costume, mas um arco de fogo a riscar o céu, breve apagado e substituído por faixa de luz pálida, a Lua.

As árvores, via-as nascerem apressadas, crescerem, frondejarem e, esturradas pela velhice, esfarelarem-se em pó. Edifícios imensos, palácios, jardins surgiam do solo como cogumelos, para logo se esboroarem em ruinaria.

A velocidade da máquina era de um ano por minuto, de modo que a cada minuto branquejava a terra sob o lençol da neve ou refloria nas verduras da primavera.

Crescendo, porém, a velocidade, breve o explorador não mais distinguiu coisa nenhuma; envolvia-o um ambiente zumbidor, onde as formas se apagavam em discos cinérios.

Cansado daquelas impressões, resolveu sofrear a carreira; travou dos freios e parou. Marcava o cronômetro o ano 802000 e pico. Tonto e azoado, saltou em terra firme, em Londres, exatamente no ponto de onde partira.

Mas quanto mudado ia aquilo! Nenhum vestígio do mundo de outrora. Os palácios, outros, arquitetura, outra; outras ervas nas pradarias e nos jardins flores não lembrando feição nenhuma das ancestrais. Os homens, embora com a somática de hoje, semelhavam porcelanas de Saxe – tão mimosos, frágeis e efeminados eram.

A estatura decrescera-lhes, a compleição afranzinara-se. Nada lembrava naquelas criaturinhas bonitas e débeis o musculoso e viril antepassado, comedor de bifes crus. Vestiam roupagens amplas, de belíssimos estofos desconhecidos, um tanto ao jeito grego. O corpo, glabro, alvíssimo, sem nenhum vestígio das pilosidades remanescentes do troglodita ou do peludo símio darwínico pré-avô. Ares aparvalhados, como desses derradeiros rebentos das velhas estirpes reais. Incapazes de ação, infantis, fátuos, indolentes. O menor esforço os fatigava. A ocupação diária resumia-se-lhes em passear, brincar, colher flores e amar. Reinava o comunismo. Em vez de casas individuais, palácios coletivos, onde a humanidade habitava na mais perfeita ordem.

Não se extremavam os sexos pelo vestuário – vestiam-se por igual figurino.

O comércio, a indústria, o grande zunzum urbano cedera lugar à calmaria dos ideais realizados: libertara-se a humanidade do trabalho e da desigualdade social. Atingira, em suma, a idade de ouro – e também o crepúsculo da espécie. A consecução de todos os sonhos acarretara o abandono da luta pela vida, iniciada desde os primórdios evolutivos. Os órgãos, cessa-

RONDÔNIA 139

das as funções em que se treinavam, atrofiaram-se, os músculos adelgaçaram-se.

Além de fraca, inerme, estagnada, a humanidade se tornou parva com o desprezo do desenvolvimento cerebral.

Vivia alheia a tudo que não fosse o sibaritismo sensualista.

Museus enormíssimos jaziam ao léu, acamando séculos de poeira, com os espécimens a se esbrugarem em abandono. As bibliotecas lera-as o caruncho; dentro das costaneiras luxuosas as velhas ciências e toda a literatura humana desfaziam-se em pó excrementício.

Ao lado disso, porém, reluzia de asseio, e na mais meticulosa conservação, tudo quanto aproveitava ao gozo dos Elóis (chamar-se-ão assim os nossos netos da idade de ouro). Parques, jardins, palácios de recreio, bosques arborizados de plantas maravilhosas, ruas, caminhos – tudo espelhante, como se legiões de criados viessem, pela calada da noite e a modo de não perturbar o sono dos sibaritas, escoimar a terra dos detritos, recompondo-lhe os estragos da usura.

Ao explorador maravilhava aquele mistério. Sua posição era um tanto a do nhambiquara arrancado à Rondônia e metido na Londres atual. Tudo incompreensível.

Mas dos enigmas em que tropeçava a cada momento nenhum o impressionou tanto como a presença de poços profundíssimos, intercalados sem razão compreensível no meio dos parques. Deliberado a desvendar o mistério, afundou por um deles, indo ter a amplas galerias escuríssimas. Lá riscou um fósforo, e com assombro lobrigou por entre o maquinário de imensa usina legiões de seres horripilantes, branquicentos, nus, que debandavam ofuscados pela claridade, tapando com as mãos os olhos enormes, horrendos, como calotas esféricas de geléia viva.

Eram os Morlocks.

Depois de muito refletir, compreendeu o segredo de tudo. Os Morlocks não passavam dos descendentes do proletário de hoje. A sociedade atual, dividida em castas, foi extremando a separação até os últimos limites. A classe superior, detentora das riquezas e do poder, especializou-se no gozá-los – e produziu os Elóis; ao passo que a classe operária, cada vez mais confinada à usina ou ao trabalho das minas, deu origem aos Morlocks. O hábito forçado das fábricas penumbrosas e das hulheiras escuras, mantido de pais a filhos, desafeiçoou-os da luz do sol, e com o decorrer dos séculos criou neles uma segunda natureza, de morcego. A treva tornou-se-lhes o ambiente habitual, os órgãos adaptaram-se a essa vida, e lentamente veio o repúdio da vida normal à superfície. A velha cisão do gênero humano entre o que trabalha e produz e o que só goza e consome normalizou-se consolidada num acordo tácito. As usinas baniram-se voluntariamente da superfície, onde ofendiam a aguda sensibilidade dos sibaritas. Essa criptoindústria, já prenunciada atualmente nos metropolitanos de Paris, Londres e Nova York, ganhou terreno; hoje um, amanhã outro, todo o trabalho mecânico – usinas, estaleiros, depósitos – se foi embiocando pela terra adentro, de modo que na idade de ouro nenhum vestígio subsistia na superfície. Nesta, tudo eram louçanias voluptuárias adstritas ao gozo dos ricos. Os Morlocks, portanto, eram produtores que, longe da vista dos superficiais, produziam surdamente tudo quanto lhes era mister para o conforto e o luxo. Das profundas é que subiam à tona os maravilhosos vestuários, os manjares finíssimos e todos os mais requintes necessários à conservação da classe ociosa. O zelo dos parques e jardins, a limpeza dos palácios e praças, tudo se fazia por mãos de Morlocks, em silêncio e a jeito de não importunar os olhos mortiços dos Elóis com o espetáculo desagradável da ação. Por isso só operavam à noite, enquanto os alfenins dormiam o sono das flores. Os poços escadeados eram o hífen ligador dos dois mundos.

Ao sábio inglês causou espécie a integral submissão de uma classe que podia dominar em absoluto, visto como toda a força estava concentrada em suas mãos. Não tardou, porém, que tivesse a solução de mais este enigma. Numa das inspeções notou ele que os Morlocks se banqueteavam de carne fresca. De onde provinha essa carne, uma vez que não existia sobre a terra nenhum dos antigos animais fornecedores? Os que Noé apinhara na arca só nos museus figuravam, e empalhados; vivo, nenhum. Que criatura produzia carne, então? A solução do problema foi, sobre inesperada, horrível. Aquela carne fumegante era... carne humana, era a carne dos Elóis!

Os Morlocks tinham-se tornado antropófagos. Toda a solicitude demonstrada para com os Elóis, seu carinho em poupar-lhes o mínimo esforço, em alimentá-los lautamente, em congregar em torno deles o máximo de bem-estar, visava apenas aprimorar-lhes a boa qualidade da carne. Os Morlocks criavam Elóis na superfície como o fazendeiro cria um finíssimo gado de raça, produtor de ótimos filés. Não era, portanto, submissão servil, se não senhoril, a dos homens subterrâneos para com os superficiais.

Verificada que foi esta conseqüência final do progresso humano, o sábio explorador enojou-se e não quis ir além. Retornou à Londres atual e, parece, quebrou a máquina, a fim de evitar novas decepções relativas à espécie humana.

A sensação deste sábio inglês era até aqui única. Só ele conseguira decolar-se da atualidade e mergulhar no ambiente dos séculos futuros.

Mas se era única, já o não é.

Roquette Pinto revela-nos um feito semelhante.

Sem usar a máquina de Wells, cavalgando simples animais de sela, por picadões varados a foice, ele operou igual milagre. A diferença única foi ter caminhado às avessas. Em vez de devassar o futuro, como Wells, mergulhou no passado. Apeou em plena idade da pedra. Viu, estudou e fotografou o homem primitivo, nu de corpo, hirsuto de instintos, desgarrado como um fóssil vivo neste século maravilhoso do gás asfixiante e do Trianon *patchouli*. Só não encontrou antropófagos. No mais suas sensações – sensações póstumas –, foram idênticas às sensações ântumas do explorador inglês. E num livro magnífico, por mil e um motivos digno de ser meditado pelos nossos trianonitas, estampou-as, alternando impressões pessoais com sólidas observações científicas.

Rondônia é o belo nome desse belo livro.

As terras de Mato Grosso alagam-se em pantanais ao sul; firmam-se depois na chapada central e ao norte alteiam-se em montanhas, revestidas só então de mato grosso.

Nestas paragens pouco devassadas do homem é que fica a Rondônia, belo nome criado pelo eminente etnólogo do

Museu Nacional, Roquette Pinto, em homenagem ao homem que, podendo salvar a pátria em doce *otium cum dignitate* na Avenida Central, preferiu dedicar sua vida ao áspero estudo do sertão.

O nome de Cândido Mariano Rondon merece o respeito devido aos heróis da paz. Sua vida é lição de civismo e energia. Sua obra espanta. E espanta sobretudo porque significa cumprimento de dever. Progredimos tanto em matéria de ética que cumprir o dever já espanta!...

Há dez anos que ele leva de par com a construção de uma linha telegráfica o levantamento da etnologia, geologia e geografia do âmago do Brasil.

A virgindade daquelas paragens sofreu o primeiro bote por parte dos castelhanos Irala e Chávez, em 1575. Buscavam ouro. Desiludidos, cederam o passo às bandeiras paulistas, as quais consolidaram para a Coroa a posse da terra inóspita. Queriam escravos e, como os encontrassem por lá, persistiram na penetração, sucederam-se umas às outras. Graças a essa rude energia Mato Grosso é nosso.

Aleixo Garcia chefiou a primeira. A lavoura criada no litoral reclamava braços. Garcia foi buscá-los. Aqueles homens terríveis não vacilavam na solução dos problemas. Obstáculos naturais não lhes detinham os passos, como nenhum sentimentalismo lhes amolentava a vontade de ferro. Varavam sertões desconhecidos, atacando selvagens cem vezes mais numerosos, com a mesma energia demonstrada hoje pelos seus heróicos descendentes no avanço a um peru de banquete.

Das bandeiras organizadas então a de Antônio Pires deixou documento no qual se fala pela primeira vez no "Reino dos Parecizes". Roquette Pinto o dá como o pioneiro do noroeste mato-grossense, acima do Sipotuba.

Os parecis, senhores da terra, eram copiosos e já viviam em período agrícola.

Quanto às tribos localizadas adiante, na Serra do Norte, soube Pires da sua existência, mas "era gente que não podia declarar porque lá não tinha chegado".

Se lá não chegou Pires, o mesmo aconteceu aos sertanistas posteriores.

Mais tarde, quando às bandeiras paulistas se substituíram as bandeiras científicas organizadas pelas sociedades sábias da Europa, tais índios continuaram impenetráveis. Relativo a eles, sempre referências vagas, ouvidas sobretudo aos parecis convizinhos.

Surge o termo "Nhambiquara" – orelha furada –, nome posto por antonomásia, visto que ninguém sabia ao certo o nome próprio desse povo.

E assim, apesar das bandeiras, e mais tarde das expedições científicas, incursões de várias categorias e estudos de Langsdorff, Taunay, Caldas, Pimentel, Couto de Magalhães, Shuller, Milliet, Moure, Chandless, Martius, Barbosa Rodrigues, Castelnau etc., os misteriosos indígenas permaneceram impenetráveis à observação direta até que Rondon penetrasse na cena. Coube-lhe a primazia de estudá-los, em memorável expedição.

Em 1897 partiu Rondon de Diamantino.

À frente um batedor assinalava o rumo, picando as árvores e comunicando-se com a expedição por meio de toques de corneta.

Atrás, na picada recém-aberta, o comboio de abastecimento fechava a marcha.

No dia 7 de setembro alcançaram o "Reino dos Parecizes", onde logo se acamaradaram com os índios.

A 19, na Aldeia Queimada, o cacique Uazakuririgaçu presta-se a guiá-los através dos seus domínios.

A 10 de outubro alcançaram as extremas do território pareci.

Estão à beira da zona nhambiquara, sobre que tantas lendas corriam.

Separa-os de Cuiabá a respeitável distância de seiscentos e cinco quilômetros.

Pleno deserto.

As privações crescem à medida do avanço.

Baldos de víveres, a penúria os deteria ali se a floresta generosa lhes não acode com o palmito e o mel.

Em fins de outubro surgem os primeiros vestígios do povo segregado.

Denuncia-o uma tosca pinguela armada no rio Sauêuina ou Papagaio.

Transcorrem mais alguns dias. Súbito, à asa esquerda do Papagaio, a expedição defronta o primeiro nhambiquara.

Esta cena, que Roquette pinta ao vivo, é de um relevo maravilhoso.

Pela sua grandiosa significação, comove à distância. O que há de passado dentro de nós modernos estremece. Sentimo-nos tomados duma saudade lítica.

Que grande quadro! É a pré-história, por um inexplicável milagre de conservação, surpreendida pela História em flagrante delito de sobrevivência. É o homem moderno travando conhecimento visual com pré-avós julgados extintos e para sempre reduzidos a relíquias fósseis sob as últimas camadas do quaternário. É o primitivo desnudo, o lascador de sílex que fugia dos derradeiros mamutes e matava renas para comer – ressurreto de golpe aos olhos do seu aperfeiçoado neto, senhor do telégrafo sem fio e do gás asfixiante.

Acareação imprevista da idade da pedra lascada com a refulgente idade do ferro – e que ferro – manganês!

Rondon teve a felicidade de gozar a visão retrospectiva dum período segregado de nós por uma camada de séculos orçada por milheiros. Viu o que ninguém jamais vira. A cena em que Roquette Pinto descreve o lance vale pela mais bela página do romance antropológico.

Em dado momento Rondon lobriga um vulto em meio de um cerrado.

Aproxima-se, cauteloso, e espia.

É um homem nu.

Traz arco e flechas, machado de pedra nas mãos e cesta às costas.

Está farejando mel.

Encontra uma colméia no oco dum pau.

Rondon, imóvel, espreita.

O homem nu aproxima-se, examina-a, descobre-lhe a entrada e prepara-se para extrair o mel. Larga em terra as armas e com o machado de cabo curto corta a madeira até que pela abertura possa entrar a munheca. Toma então da cesta, ajeita-a e enche-a com os favos roubados.

Aqui o rumor distante dos foiceiros, na fauna do picadão, o surpreende.

O índio entrepara. Apura os ouvidos e, com a apreensão denunciada nos olhos, recolhe as armas e desaparece...

É só isto – mas quanta beleza nisto!

Esta mesma impressão que teve Rondon gozou-a Roquette Pinto mais tarde. Incumbido pelo Museu Nacional duma missão científica, pôs-se de rumo para lá, seguindo as pegadas do grande sertanista. E após um mês de jornada, certa noite... Contemos o fato com suas próprias palavras.

"Alta noite, numa colina, à beira da linha (telegráfica), próximo ao Ribeirão Vinte de Setembro, avistamos, longe, uma fogueira. Eram eles. Apressamos o passo dos animais e, a grande distância, começamos a gritar para os prevenir da nossa presença:

– O! O! Nen-nen! Nen-nen! – Amigo! Amigo! – Vieram logo correndo e gritando; uns gesticulando de mãos livres, outros de cacete em punho, mas não agressivos, outros ainda de arco e flechas enfeixadas na mão esquerda, enquanto com a direita coçavam a cabeça, sorrindo, desconfiados. Ao luar, muito leitoso, era fantástico o aspecto daqueles homens altos, lépidos, irrequietos, falando sempre, desengonçados, inteiramente nus."

Nessa noite o etnólogo, presa das mais vivas impressões, não pôde dormir. "Dormir, excitado por aquele quadro mágico, desenrolado à meia-noite? Dormir, naquela noite inesquecível em que a sorte me fizera surpreender, vivo e ativo, o 'homem da idade da pedra', recluso no coração do Brasil, a mim que acabava de chegar da Europa e estava ainda com o cérebro cheio do que a terra possui de requintado na diferenciação evolutiva da humanidade? Que gente é essa que fala idioma tão diferente das línguas conhecidas, tão diferente da língua dos seus mais próximos vizinhos; que tem costumes tão estranhos aos que vivem perto; que não conhece os mais essenciais objetos de vida dos seus companheiros do sertão? Donde veio? Por onde passou, que não deixou rastos? Quando chegou àquelas matas onde vive há tanto tempo? Que ligações tem com os outros filhos do Brasil?"

De fato, a sobrevivência de um núcleo de primitivos como este dos Nhambiquaras é de molde a semear pontos de interrogação na cabeça dos sábios. Se é uma verdade o povoamento da América pelo extravasamento do ancestral mongol através da ponte alêutica, em nenhuma zona como ali ele se enquistou com mais aferro ao cascão original. Isolando-se dos vizinhos, seguiu uma evolução própria, não denunciativa de influências estranhas. Dialeto especial, ignorância da rede – objeto caseiro comum nas vizinhanças –, cerâmica das mais rudimentares, nenhum conhecimento dos animais domésticos e da navegação, moradia armada com folhagens, doenças próprias desconhecidas em outras paragens, arte ornamental plumária apenas em início, reminiscências do período antropofágico, religiosidade inda no estádio do feiticismo panteísta, começos de astrologia – tudo nele revela um primórdio de cultura difícil de harmonizar com as teorias assentes quanto ao nosso aboriginismo.

A origem litorânea do grupo Jê-Botocudo, ao qual se filiam os Nhambiquaras, periclita. Como admitir a hipótese de um ramo sem as qualidades características da árvore-mãe? Se admitirmos sua filiação ao grupo Nu-Aruak, como conceber que, emigrado do Norte com um determinado grau de cultura, esse núcleo descido para o Sul e fixado no chapadão demonstre uma cultura inferior e tantas diversidades de variada ordem?

O conhecimento dos Nhambiquaras veio restabelecer os xx de muitos problemas já solvidos. É forçoso refazer toda a arquitetura da etnologia americana a fim de harmonizá-la com o fato novo que pelo encontro destes índios Roquette põe em foco. Para base de estudos lança ele à laia de conclusão esta afirmativa que deixará indiferente o país mas fará remexer na cova os numerosos sábios que ferveram os miolos no estudo da nossa etnologia: "Foi no grande planalto do Brasil que se processou o trabalho da diferenciação étnica sul-americana".

Amor imortal

Não se afere pelo estalão comum dos pechisbeques literários do ano, de produção intra ou extra-acadêmica, o livro de estréia de J. A. Nogueira.

O seu primeiro mérito é ser vazado em português, língua moribunda por influxo da endosmose francesa de ação permanente que nos vai dessorando a musculosa língua de Camilo e pondo-a para aí um calão de porto de mar.

Infelizmente, por contingência de cloreto de sódio do batismo, o autor não possui nome de boa estética. A vulgaridade do José Antônio anteposto ao Nogueira mete suspeita de permeio entre o leitor e o livro. Agrava-a ainda o fato de ser Nogueira um novo que estréia, um novo inteiriço, de forma e fundo, novo na língua usada como novo no tema das novelas – atitudes filosóficas em face do mistério da vida.

Não obstante, o livro resgata o ruim nome, bem como a audácia da estréia.

Não há vacilações: *Amor imortal* é o mais forte, dos mais belos e sem dúvida o mais profundo livro dado à estampa nestes últimos anos.

Escapando ao quadro vulgar do romance ou conto, e ao da dissertação filosófica e pedregulhenta, cria um gênero novo entre nós, no qual se romanceiam penetrantes visões do idealismo moderno.

É a história das várias atitudes evolutivas de um espírito de profunda cultura, doente da ânsia dos intérminos e vagos horizontes da vida humana.

Egresso da teologia, em cujo borzeguim não encontrou o molde ansiado pelo seu espírito e pela sua sensibilidade, não corrompidos ainda, um e outra, pelo contato de nossos nucleozinhos de civilização refletida, São Paulo e Rio, sua atitude na novela inicial que dá nome ao volume é a de um cético pela razão que continua crente pela sensibilidade.

À velha idéia da imortalidade da alma Nogueira imprime uma amplitude nova, romanceando um amor terreno que transpõe a soleira da morte e persiste, eterno, de astro em astro.

Tirante os diálogos, poucos aliás, que pecam por inelegância e por uns tons de vulgaridade fáceis de apagar, a novela é em conjunto magistral, justificando a frase última do prefácio de Alberto de Oliveira: "Sinto-o capaz de obras-primas".

Concorrem ali as tintas de Edgard Poe com as tonalidades novas compostas na paleta do autor, e só suas, ao descrever as sensações de um morto que volta, sob as formas astrais da vida extraterrestre, em procura da amante chorosa ainda viva no mundo. Encontra-a, e tenta abraçá-la:

"Três vezes tentei enlaçá-la com os meus braços invisíveis, três vezes penetrei-lhe através do corpo, colhendo-me inane, como um vento imaginário ou sonho vago".

Mas fujamos à tentação de transcrever; do contrário seria mister reeditar a novela, tão encantador se nos apresenta esse poema de severa beleza, onde há páginas sem equivalentes em nossa literatura.

O autor, entretanto, evolui.

Na novela seguinte delineia uma crise de pessimismo atroz. Sua sensibilidade, afeita ao absoluto, à contemplação, àquela forma de imortalidade psíquica estabelecida na primeira novela, adoece. Sofre embates, lutas, repugnâncias, febres, desânimos, e o resíduo final de tudo é, logicamente, a idéia do Nirvana.

Amaldiçoa, então, o mundo em "Morrer... Acabar...". Onde se debuxa, pávida, a figura branca de Venerando, um velho desarvorado por todos os vendavais da vida, novo Jó aportado, como o outro, ao Eclesiastes.

"Vi todas as coisas que se fazem debaixo do sol e eis que tudo é vaidade e aflição de espírito."

A cena da morte de sua filha, que ele oculta à esposa e a um visitante para poupar a este uma impressão má e dar àquela um prolongamento de esperança, continuando a dissertar calmamente sobre o vazio da vida, põe arrepios dolorosos no leitor, em cujo ânimo evoca toda a corte dos grandes pessimismos negros. Ao vento polar dessa novela o espírito mais afirmado na vida sente afrouxarem-se-lhe todas as cordas da energia, e vacila e descrê.

A lógica do pessimismo conduz ao suicídio; mas a vulgaridade do remédio não soa bem aos espíritos fortes, nos quais, ainda quando todo o Eclesiastes lhes carrilhona em torno, zumbindo a zoada letal do aniquilamento, subsiste sempre um fundo subconsciente de resistências em reserva. Isto explica por que se não suicida Schopenhauer, reflorindo mais tarde, ao contrário disso, em Nietzsche, na mais esplendorosa afirmação da vida.

Nogueira, nos "Sinos misteriosos", arranca-se ao polvo negro, reabilita a vida e reafirma-a, levantando a excomunhão maior lançada contra ela.

Era mister justificar o ilogismo de aceitar a vida após os ululos arrepiadores de Venerando. Desaparecera a fé, apoio central da primeira atitude entremostrada no *Amor imortal*. Desapareceria também o langor negativista. Nogueira descobre o sexto sentido misterioso, o pressentimento, a adivinhação subliminal. Levam-no a esse porto os místicos modernos, de Maeterlinck a Novalis. Em "Sinos" perpassa um sopro grandiloqüente de poesia trágica. O descritivo ergue em linhas simples, numa justa medida jônica, um quadro de lenda onde um rei de balada, em festim permanente, ouve com persistência o badalar de sinos misteriosos e uiva do desespero impotente de os calar. A vida do rei é torturada por aqueles sons que ninguém sabe donde partem. Sua filha dileta, industriada por um velho mago, decifra o enigma: tais sinos não existem senão dentro dele, em sua consciência.

"Sabei, senhor, que tais sinos misteriosos não se manifestam somente em vossos domínios... Os sinos que tanto detestais tangem em volta de todas as moradas humanas... Soam nos palácios dos reis como nas cabanas dos pobres... Soam no alto das montanhas como nos vales escuros... Visitam as populosas cidades e as mais humildes aldeias... Povoam o céu e a terra e vibram em todos os planetas... Onde quer que haja vida e consciência – aí surgem em revoadas, alvoroçados ou sombrios, doces ou lamentosos, amoráveis ou desesperados... Porque os há de todas as espécies e os sons que despedem não são os mesmos para todos... Uns ouvem-nos pesados e profundos... Outros, leves, sonoros e cantantes... Há os sinos de bronze e as campainhas de ouro... Há os rebates noturnos e os alegres repiques matinais... Há os dobres subterrâneos e sinistros e as cadências deleitosas que percorrem o azul... Escolhei, Senhor, os vossos sinos... Habituai-vos a escutá-los com amor – e eles se transformarão em apelos celestiais. Afinai os vossos ouvidos – e eles só anunciarão manhãs gloriosas e alvoradas triunfais..."

Não pára aí o ciclo evolutivo do autor. Não lhe satisfaz essa nova atitude. Aprofunda filosofias, medita a Índia e o complexo gênio germânico. Consulta o dualismo em suas múltiplas apresentações, e refuga-o, como refuga também o monismo materialista. O monismo idealista o detém uns instantes. Por fim, sedu-lo o idealismo absoluto.

Negar a existência da matéria e só reconhecer a existência do espírito, afirmar a suprema potencialidade da vida... A idéia é, sobretudo, literária. "Uma profissão de fé" resulta desse estádio. Que soberbas páginas de sonho, de força, de um vigor inédito! A moldura é um sonho, a idéia outro sonho – sonho magnífico de sugestão.

Um viajante adormece à beira da estrada e assiste à prédica de um sacerdote de religião desconhecida. Essa oração é um fulgor permanente de irradiações pairando sobre o auditório em êxtase. Na impossibilidade de transladar para aqui o conto inteiro, venham uns trechos que lhe amostrem estilo e tom.

"Meus filhos e meus irmãos...

As vestes brancas do estranho sacerdote agitaram-se num gesto de abraço. Os candelabros de ouro rutilaram mais vivamente e as frontes ergueram-se como para receberem um grande beijo invisível...

– Para que a vida vos seja o prazer, o transporte a que sois destinados; para que sintais a vossa divindade, é necessário que experimenteis a plenitude do êxtase... Todas as vossas faculdades são instrumentos de vida, instrumentos de prazer, de transporte, de entusiasmo... É preciso que todo o vosso ser se agite e estremeça, que vibrem todos os sentidos e fulgurem todas as luzes...

E sua voz parecia prolongar-se num como ruído de franças agitadas pelo vento – parecia propagar-se pelo espaço afora e suspirar mil coisas vagas e maravilhosas... Depois subia à maneira de uma vaga que chegasse de muito longe – subia num crescendo vertiginoso e espraiava-se qual chuva de pérolas irisadas – espraiava-se sonoramente à luz trêmula dos incontáveis lampadários.

– Não há nada pequeno... Tudo é vida... No princípio era a vida e a vida era Divindade... A vida, porém, não teve origem, pois da vida procedem todas as coisas... E a vida era o espírito. E o espírito criou a matéria e inventou a carne... E a carne foi a sua mais viva e colorida representação – a mais freqüente e bela manifestação da alma universal..."

A oração prossegue num crescendo.

"Os candelabros de ouro fulgiam intensamente, maravilhosamente, como se emanassem de sortilégios coloridos... A multidão, suspensa e silenciosa, fazia pensar em uma assembléia fictícia, criada pelas combinações da luz. – É uma loucura imaginar que os paraísos são os mesmos para todos, que todas as unidades espirituais são iguais e terão iguais destinos... Cada um cria os seus paraísos e cada existência não é mais do que um clarão no esplendor sem limites da vida ascendente... O poder de conceber, de imaginar, de criar e de esperar – eis a medida por que se talham os céus e de onde emergem as supremas realidades das aparências inefáveis... As parcelas da vida sobem e descem num vertiginoso redemoinho de treva para a luz e da luz para a treva, segundo a força criadora de que são dotadas, segundo o maior ou menor prazer que as arrebata... As imaginações incolores e fracas só criam espetáculos sombrios e indecisos, só preparam imortalidades desesperadoras, monótonas e sem brilho... É que dificilmente suportam o fulgor da consciência – raios de sol que atravessam num relâmpago, incapazes que são de pairar indefinitivamente nas claras regiões em que a vida contempla e ama suas próprias evoluções... Deixemos os fracos esvaírem-se aniquilados ante a sublime claridade. Deixemo-los irem-se ofuscados para a dor ou para o Nirvana. Mas, meus filhos e meus irmãos, pronunciemos a grande afirmação nupcial... Amemos a vida, a vida consciente e luminosa... Amemo-la sem desfalecimentos em todos os avatares que criamos... Cada existência seja para nós um esplendor sempre maior... Lembrai-vos que as aspirações de agora serão a realidade de amanhã, que os pressentimentos indizíveis que nos despertam para a beleza são reflexos misteriosos do mundo superior, que se cria dentro em nós e que de um momento para outro desabrochará em uma nova existência."

E por aí além, uma procissão de idéias, tão fulgurantes quão arrojadas, entreabre-se em leque, num crescer de aurora boreal.

A obra-prima de que Alberto de Oliveira antevia a possibilidade aí está. Nunca se realizou tão rapidamente um vaticínio arrojado.

A não ser que a novela derradeira, "Os deuses morrem", não levante a palma. Percebe-se nela que o autor, em seu remígio através das filosofias, cruzou com uma águia taciturna. Nietzsche domina-o e, novo Virgílio, condu-lo ao *seu* alto. Não achara a verdade, até ali. Mas que é a verdade? A eterna interrogação de Pilatos só permite marchas de flanco. Um desses ladeamentos é que não há *verdade* e sim *verdades*, milhões de verdades, as verdades de cada um, verdades que coexistem, que lutam entre si, que se entreassimilam, que se conquistam umas às outras, subordinadas à lei geral dos seres vivos.

Quem atinge esta cumeada descobre o infinito do relativo.

Nietzsche funcionou aqui como pólen. É a missão de Nietzsche fecundar aquilo em que toca. Ninguém sai dele uniformizado por um certo molde; sai livre, sai *si próprio*... O seu aforismo – *Vademecum? Vadetecum!* – resume toda uma filosofia libertadora: Queres seguir-me? Segue-te!

Nogueira, por influxo da poderosa lixívia nietzschiana, liberta-se de todas as peias e assume livremente uma atitude definitiva, particularmente sua, em face do problema eterno.

Cai num ceticismo fervoroso e criador.

"Os deuses morrem", a mais bela página do livro, é uma sonata amorosa onde se pinta a forma em que, como num oásis, apraz ao seu espírito e à sua sensibilidade eleger domicílio, clareado pela luz heróica de um ceticismo feliz, à moda de Zaratustra quando, encarado com a vida, exclama radioso: "Acabo de olhar-te nos olhos, ó vida!".

Impossível dar conta, em um resumo, do estranhíssimo esplendor que irradia dessa novela, como impossível analisar a impressão causada pela sua leitura.

Analisar é esquartejar para exibir e comentar fragmentos; mas como esquartejar, quebrar pedaços ao que é imaterialização translúcida?

Nem nos socorre a transcrição: não se destaca sem prejuízo da harmonia geral um trecho sequer, capaz de entremostrar vagamente a pujante beleza desta peregrina obra de arte.

A escala ascensional de aperfeiçoamento que notamos entre as novelas deste livro mostra na vida literária do autor a possibilidade de uma ascensão idêntica em estilo, em agudeza filosófica, em amplidão de horizontes, em poesia – em beleza, enfim.

Aguardemo-la, pois, confiantes.

O saci[*]

A rotação da Terra produz a noite; a noite produz o medo; o medo gera o sobrenatural: – divindades e demônios têm a origem comum da treva.

Quando o sol raia, desdemoniza-se a natureza. Cessa o Sabá. Satã afunda no Inferno, seguido da alcatéia inteira dos diabos menores.

A bruxa reveste a forma humana. O lobisomem perde a natureza dupla. Os fantasmas diluem-se em névoa. Evaporam-se os duendes. Os gnomos subterrâneos mergulham no escuro das tocas. A caipora deixa em paz o viajante. As mulas-sem-cabeça reincabeçam-se e vão pastar mansamente. As almas penadas trancam-se nas tumbas. Os sacis param de assobiar e, cansados duma noite inteira de molecagens, escondem-se nos socavões das grotas, no fundo dos poços, em qualquer couto onde não penetre a luz, sua mortal inimiga. Filhos da sombra, ela os arrasta consigo mal o Sol anuncia, pela boca da Aurora, o grande espetáculo em que a Luz e sua filha a Cor esplendem numa fulgurante apoteose.

A treva, batida de todos os lados, refoge para os antros onde moram a coruja e o morcego. E nessas nesgas de escuro apinha-se a fauna inteira dos pesadelos, tal qual as rãs e os peixinhos aprisionados nas poças sem esgoto, quando após as grandes enchentes as águas descem. E como nas poças verdinhentas a

---

* *Originalmente Monteiro Lobato publicou este texto em* O saci: resultado de um inquérito. *Na edição de 1946, o autor fez modificações neste texto. Nota desta edição.*

traíra permanece imóvel e a rã muda, assim toda a legião dos diabos se apaga. Inutilmente tentaríamos surpreender unzinho sequer.

O saci, por exemplo.

Abundante à noite como o morcego, nunca se deixou pilhar de dia. Metido nas tocas de tatu, ou nos ocos das árvores velhas, ou alapado à beira-rio em solapões de pedra limosa com retrança de samambaias à entrada, o moleque de carapuça vermelha sabe como ninguém o segredo de invisibilizar-se. Não colhesse ele, todos os anos, nas noites de São João, a misteriosa flor da samambaia!...

Mal, porém, o sol afrouxa no horizonte e a morcegada faminta principia a riscar de vôos estrouvinhados o ar cada vez mais escuro da noitinha, a "saparia" pula dos esconderijos, assobia o silvo de guerra – Saci-pererê! – e cai a fundo nas molecagens costumadas.

As primeiras vítimas são os cavalos. O saci corre aos pastos, laça com um cipó o animal escolhido – e nunca errou laçada! –, trança-lhe a crina para armar com ela um estribo e dum salto monta-o à sua moda. O cavalo toma-se de pânico, e deita a corcovear pelo campo afora enquanto o perneta lhe finca os dentes numa veia do pescoço e chupa gostosamente o sangue. Pela manhã o pobre animal aparece varado, murcho dos vazios, cabeça pendida e suado como se o afrouxasse uma caminheira de dez léguas beiçais.

O sertanejo premune-o contra esses malefícios pendurando-lhe ao pescoço um rosário de capim ou um bentinho. É água na fervura.

Farto, ou impossibilitado daquela equitação vampírica, o saci procura o homem para atenazá-lo.

Se encontra na estrada algum viajante tresnoitado, ai dele! Desfere-lhe de improviso um assobio ao ouvido, escarrancha-se-lhe à garupa – e é uma tragédia inteira o resto da jornada. Não raro o mísero perde os estribos e cai sem sentidos à beira do barranco.

Outras vezes diverte-se o saci a pregar-lhe peças menores: desafivela um loro, desmancha o freio, rega o pelego, derruba-lhe o chapéu e faz mil outras picuinhas brejeiras.

O saci tem horror à água. Um depoente no inquérito demonológico do *Estadinho* narra o seguinte caso típico. Havia um caboclo morador numa ilha fluvial onde nunca entrara saci, porque as águas circunvolventes defendiam a feliz mansão. Certa vez, porém, o caboclo foi ao "continente" de canoa, como de hábito, e lá se demorou até a noite. De volta notou que a canoa vinha pesadíssima e foi com enormes dificuldades que conseguiu alcançar o abicadouro da margem oposta. Estava a maginar no estranho caso – um travessio que fora fácil de dia e virara osso de noite – quando, ao firmar o varejão em terra firme, viu saltar da embarcação um saci às gargalhadas. O malvado aproveitara o incidente do travessio a desoras para localizar-se na ilha, onde, desde então, nunca mais houve sossego entre os animais nem paz entre os homens.

Nos casebres da roça há sempre uma pequena cruz pendurada às portas. É o meio de livrar a vivenda do hóspede não convidado. Mesmo assim ele ronda a moradia, arma peças a quem se aventura a sair para o terreiro, espalha a farinha dos monjolos, remexe o ninho das poedeiras, gora os ovos, judia das aves.

Se a casa não é defendida, é lá dentro que ele opera. Estraga objetos, esconde a massa do pão posta a crescer, esparrama a cinza dos fogões apagados em cata de algum pinhão ou batata esquecidos. Se encontra brasas, malabariza com elas e ri-se perdidamente quando consegue passar uma pelo furo das mãos. Porque, além do mais, tem as mãos furadas, o raio do moleque...

As porteiras, como as casas, são vacinadas contra o saci. Rara é a que não traz uma cruz escavada no macarrão. Sem isto o saci divertir-se-ia fazendo-a ringir toda a noite ou abrindo-a inopinadamente diante do transeunte que a defronta, com grande escândalo e pavor deste, pois adivinharia logo o autor da amabilidade e o repeliria com esconjuros.

Os cães apavoram-se quando percebem um saci no terreiro e uivam retransidos.

Refere um depoente o caso da dona Evarista. Morava esta excelente senhora numa casinha de barro, já velha e buraquenta, em lugar bastante infestado. Certa noite ouviu a cachorrada prorromper em uivos lamentosos. Assustada, pulou da cama, enfiou a saia e, tonta de sono, foi à cozinha, cuja porta abria para o quintal. E lá estarreceu de assombro: um saci arreganhado erguia-se de pé na soleira da porta, dizendo-lhe com diabólica pacholice: "Boa noite, dona Evarista!". A velha perdeu a fala e desabou na terra batida, só voltando a si pela manhã. Desde então nunca mais lhe saiu das ventas um certo cheirinho a enxofre...

Se fossem só essas aparições...

Mas o saci inventa mil coisas para azoinar a humanidade. Furta o piruá da pipoca deixado na peneira, entorna vasilhas d'água, enreda a linha dos novelos, desfaz os crochês, esconde os roletes de fumo.

Quando um objeto desaparece, dedal ou tesourinha, é inútil campeá-lo pela casa inteira. Para reavê-lo basta dar três nós numa palha colhida num rodamoinho e pô-la sob o pé da mesa. O saci, amarrado e imprensado, visibilizará incontinênti o objeto em questão para que o libertem do suplício.

Rodamoinho... A ciência explica este fenômeno mecanicamente, pelo choque de ventos contrários e não sei mais quê. Lérias! É o saci que os arma. Dá-lhe, em dias ventosos, a veneta de turbilhonar sobre si próprio como um pião. Brincadeira pura. A deslocação do ar produzida pelo giroscópio de uma perna só é que faz o remoinho, onde a poeira, as folhas secas e as palhinhas dançam em torno dele um corrupio infrene. Há mais coisa no céu e na terra do que sonha a tua ciência, Ganot!

Nessas ocasiões é fácil apanhá-lo. Um rosário de capim, bem manejado, laça-o infalivelmente. Também há o processo da peneira: é lançá-la, emborcada, sobre o núcleo central do rodamoinho. Exige-se, porém, que a peneira tenha cruzeta...

A figuração do saci sofre muitas variantes. Cada qual o vê a seu modo. Existem, todavia, traços comuns em relação aos quais as opiniões são unânimes: uma perna só, olhos de fogo, carapuça vermelha, ar brejeiro, andar pinoteante, cheiro a enxofre, aspecto de meninote. Uns têm-no visto de camisola de baeta, outros de calção curto; a maioria o vê nu.

Quanto ao caráter, há concordância em lhe atribuir um espírito mais inclinado à brejeirice do que à malvadez. Vem daí o misto de medo e simpatia que os meninos peraltas revelam pelo saci. É um deles – mais forte, mais travesso, mais diabólico; mas é sempre um deles o moleque endemoninhado capaz de diabruras como as sonha a "saparia".

A curiosidade despertada pelo inquérito do *Estadinho* denota como está generalizada entre nós a crendice. Raro é o brasileiro que não traz na memória a recordação da quadra saudosa em que "via sacis" e os tinha sempre presentes na imaginação exaltada. Convidados agora para falar sobre o duendezinho, todos impregnam seus depoimentos da nota pessoal das coisas vividas na infância. Referem-se a ele como a um velho conhecido que a vida, a idade e o discernimento fizeram perder de vista, mas não esquecer...

E – dubitativos uns, céticos outros, afirmativos muitos – a conclusão de todos é a mesma: o saci existe!...

– Como o Putois, de Anatole France?

Que importa? Existe. Deus e o Diabo ensinaram-lhe essa maneira subjetiva de existir...

Arte francesa de exportação[*]

A exposição de arte francesa com que o Brulé pintalgou as paredes do Teatro Municipal merece que o público se dê o trabalho de subir os degraus de granito do nosso elefante dourado. Arte francesa. Qual delas? São tantas...

– Pintura, meus senhores! Mas pintura upa! Coisa papa-fina, foxtrote a óleo, maioneses a carvão, aquarelas e pastéis de nata.

Em matéria de pintura São Paulo tem visto muito, do Salinas fotominiatural ao impressionismo transcendentalíssimo da senhora Malfatti. Restava apenas conhecer o bruleísmo, caracterizado pela mistura eclética de vários gêneros otorrinolaringológicos.

Há lá um *Éclatement* que será crime de lesa-paspalhice deixarmos que saia de São Paulo. É um parceiro forçado da *Alcova trágica* da Pinacoteca. Representa a explosão de um obus nas trincheiras. Vêem-se no meio da fumarada negra os cacos da bomba, e pedras e paus, todo o lixo que o raio do explosivo arremessou para o ar. Vê-se tudo isso muito bem-visto, de modo a dar até a uma criança de 5 anos a noção esquemática do estouro, a sensação visual da fumaceira e a impressão auditiva do *pum!*.

Uma senhorinha "goma alta", que parou defronte do prodigioso carvão, trejeitou medinhos chiques e disse para a mamã:

– Que lindo! Está-se ouvindo o tiro!

Havia a pintura clássica de Parrasio, que iludia aos pássaros. Esta de agora ilude as pássaras.

* Este texto não consta da 1ª edição de 1919, foi incluído por Monteiro Lobato na edição de 1946. Nota desta edição.

Ao pé dessa impa outra pura maravilha: três figuras em pêlo, cor de betume, contorcidas em posições dolorosas por força da enorme quantidade de tumores que lhes empolam o corpo todo. O lugar desse quadro não é positivamente ali e sim na Santa Casa, na sala das operações. É preciso, quanto antes, sarjar aquelas postemas já tão maduras.

Sucedem-se depois inúmeras outras *performances*, como diz o João do Rio-Jornal, dignas todas do assombro indígena. Aquarelas, carvões, sanguíneas, frios sortidos etc.

Algumas representam verdadeiros *tours de force*, desses que deixam de cara à banda os mais complicados malabaristas japoneses. O cicerone explica os logogrifos pictóricos aos elegantes boquiabertos:

– Esta aquarela foi pintada com a pata. O artista entalou o pincel entre o mata-piolho e o fura-bolos do pé esquerdo e, em decúbito dorsal, ressupino, compôs a maravilha que V. Excia. está vendo.

O elegante de cinturinha tremelica, dá ganidos de gozo estético pelo método Berlitz e marcha nos 500 francos, preço da "pesada". Compra o chulé.

– Este outro – continua o cicerone – foi feito com o nariz. O pintor foi dando bicadas na paleta e narigou em seguida a tela, obtendo os assombrosos efeitos que aí estão e custam apenas 600 francos – por ser para V. Excia.

– E como foi pintado este? – pergunta o cinturinha diante do *Éclatement*.

O engenhoso cicerone responde logo:

– Não se lembra V. Excia. duma história de caçador, saída há tempos no *Estadinho*, intitulada "Uma do Coronel Teodomiro"?

– ?

– A história da capivara que ceifou o arrozal, Excelência!

– Ah!...

– Pois é. O processo é o mesmo. Capivara e pintor usaram de igual truque. E V. Excia. vai ver: criarão ambos escola; e escola que, deixe estar, ainda há de revolucionar a agricultura, a pintura e as artes conexas!

A mata virgem, Mr. Deibler e Zago[*]

Por um verdadeiro milagre conservou-se na Avenida Paulista um trecho da mata nativa. Nunca devastado, suas árvores denunciam-se coevas da gente nua senhora do país antes do "grilo" de Pedro Álvares Cabral. A galhaça vestuta; a cipoeira emaranhada, ora retorcida em espiral, ora copiando cordoalha bamba de navio; os troncos velhos, craquentos, a contar pela cicatriz dos nós as tempestades destruidoras que contra as árvores lutaram peito a peito; o próprio ar circulante da trama da vegetação é um ar silencioso e milenário, povoado de sombras do passado e dos aromas ingênuos da selvatiqueza. Tudo naquele bosque é natureza virgem. Frouxéis de velhos musgos revestem a cascaria, adormecidos na madorna da meia-vida. Todos os verdes, do esmeralda translúcido ao sombrio verde-limo, esmaecem em cambiantes suavíssimos. Toda a gama da maciez penugenta empresta àquele manto de muscíneas uma riqueza de causar inveja aos reis. A par do musgo, o seu irmão o líquen abre nos troncos manchas discretas, onde o vermelho põe as melhores tonalidades dos seus rubis, e o azul, o amarelo, o cinzento, o verdoengo e o ardósia caprichamem criar tons de indizível pureza.

Entremeio às árvores gigantes, que venceram na luta pela vida e impõem, abertas ao azul, as frondes majestosas, um infinito número de párias vegetais, humílimos, tentam a aventura

---

* Este texto não consta da 1ª edição de 1919, foi incluído por Monteiro Lobato na edição de 1946. Nota desta edição.

do sol. Magríssimos, varetas esguias de folhagem escassa, encaminham todo o equilíbrio de formas no sentido da altura. Percebe-se-lhes da ansiedade muda que o sonho deles é um só: crescer, alcançar as copas que lhe vedam a luz, varejá-las, e atingir enfim a zona abençoada onde livremente bebam vida na fonte generosa do sol. Enquanto isso – sem ar, sem luz, filhos da penumbra – semelham crianças famélicas, toda pele e ossos, galvanizadas pela miséria a esticarem a boca para um seio materno na apojadura, mas alto demais para os seus labiozinhos ressecos. E as árvores vitoriosas, de tronco hercúleo, galhaça pletórica, raizame voraz e ramada egoísta, na crueldade olímpica da lei natural, espargem sobre a plebe raquítica folhas mortas, a ela que só pede raios vivos de sol.

Para maior beleza da mata nativa há em certo recanto um soberbo mata-pau, em luta constritora contra a árvore ingênua que lhe deu abrigo. Seus tentáculos de fibra rija enlaçam a mísera em roscas de sucuri esfomeada; sua folhagem já ganhou o azul, já sombreia a rama da árvore assaltada que, exangue, a circulação da seiva interceptada pelos cíngulos do bandido vegetal, morre lentamente num morrer que durará dez, vinte anos.

É belo esse trecho de mata. Vale todo o Jardim da Luz somado a todos os parques artificiais de São Paulo. E a cidade, compreendendo isso, fê-lo público, transformado em parque. Abriram-se-lhe pelo meio uns caminhos serpenteantes de modo a tornar a linda mata em saudável logradouro público.

Um dia, porém, um crítico de arte andou por lá e fez uma observação judiciosa: se se erguessem ali umas estátuas, a colaboração da arte com a natureza resultaria coisa papa-fina. Não ganha o brilhante com ver-se colocado em escrínio de veludo negro? A azeitona dentro da empada não realça o sabor do camarão?

Estudou-se o caso, simples na aparência, complicadíssimo na essência.

O problema estético era realçar a beleza nativa ou por intensificação dessa beleza ou pela força de um contraste. Consultou-se a Freguesia do Ó e a Vila Mariana. O Ó opinou pela primeira hipótese, mas Vila Mariana sorriu e decretou a verdade da segunda.

Resolvido esse problema, cuidou-se da execução. Plano:

botar lá estátuas que pela significação e pela fatura berrassem como bezerros desmamados – o que realçaria a beleza solene do silêncio da mata; e estátuas que pela histeria da composição e desrespeito a todas as leis do equilíbrio estético, pusessem em destaque o soberbo arabesco da harmonia florestal.

Procurou-se um escultor capaz. Não havia nenhum. Nem Zadig, nem Petrucci, nem Rollo, nem Bertozzi, nem Starace sentiram-se com forças para tamanha empresa. Franco da Rocha, consultado, declarou que no seu manicômio não existia nenhum paranóico capaz da obra. Indecisão. Vacilações. O problema solvido em teoria não encontrava carrasco para a solução prática.

Mas Vila Mariana resolveu novamente a crise: mandou vir do outro mundo a sombra de Mr. Deibler, o famoso carrasco francês, e materializou-a na pessoa física do escultor Zago, nome até então totalmente desconhecido de São Paulo. E Deibler, da mesma forma que em vida decepava cabeças, "subespécie" Zago, esfolou as quatro estações clássicas – primavera, verão, outono e inverno – e mais uma quinta, a estação canicular, simbolizada numa cabeça de cachorro a destripar um permanente mico de água numa cuba – e plantou tudo aquilo pelo parque.

O contraste entre tanta chatice, entre aquele absurdo cão sem corpo, entre a coisa mais sovada do mundo que são as quatro estações na representação clássica e a "beleza natural" da mata nativa tornou-a infinitamente mais bela. O contraste entre a completa ausência de invenção e originalidade daquelas esculturas e o modo de ser tão à vontade e seguro das florestas que o homem não mexeu com sua mão de mico...

De Vila Mariana[1], a refulgente, saiu essa solução. E que solução sairia do modesto e humilde Ó? Ah, outra bem diversa. Em vez do classicismo daquelas estações, um ou dois sacis-pererês espiando por ali, numa simbiose com aquelas árvores. Só. Eu acho que na sua humildade o Ó lembraria dois sacis apenas.

As cinco estações de Zago! Ah meu Deus do céu...

---

[1] *Vila Mariana: alusão ao senador estadual lá residente, que por aquela época superintendia a estética oficial em São Paulo, o senador Freitas Valle. A casa do senador, famosa pelas reuniões sociais e políticas que nelas se realizavam, chamava-se Villa Kyrial. Nota da edição de 1955.*

Em nome do silêncio[*]

À nossa Constituição falta um

artigo de capital importância, que estabelecesse, a par da inviolabilidade do domicílio, a inviolabilidade dos nossos ouvidos. Se um cidadão não tem o direito de penetrar violentamente em casa de outro, por que terá o direito de penetrar no seu aparelho auditivo por intermédio do berro descompassado, da charanga tonitruante, da corneta guarda nacionalíssima, do sino das igrejas, da sereia policial e mais estrondos de maori enlouquecido?

São Paulo é a vítima permanente dum estupro auditivo organizado em sistema. Seus tímpanos não merecem a consideração de ninguém. São uma espécie de casa da Mãe Joana onde todo sujeito capaz de um som violento sem a menor cerimônia deposita a sua contribuição.

Já tínhamos aqui em certo bairro a Guarda Nacional com as suas cornetas. Os moradores andam com algodão no ouvido para prevenir a surdez precoce. Durante horas a fio um magote de corneteiros, na atitude clássica dos trombeteiros da *Aída*, postam-se na rua estrugindo *tá-rá-tá-tás* nhambiquaríssimos. Dizem que o caso, visto não ter uma explicação planetária, tem-na interplanetária. Aqueles sons são mensagens da Terra ao planeta Marte. Na impossibilidade de promover uma guerra intestina onde dê largas à sua belicosidade, a Guarda Nacional desafia os marcianos para um prélio a Wells. Mas como Marte, avaliando

---

* *Este texto não consta da 1ª edição de 1919, foi incluído por Monteiro Lobato na edição de 1946. Nota desta edição.*

o formidoloso poderio da nossa milícia pela arreganhada insistência daqueles *tá-rá-tá-tás*, tem medo, ou pelo menos receio, e não aceita a luva, os derrotados ficamos sendo nós, cujas trompas de Eustáquio andam inflamadas como mão de negro após três dúzias de bolos.

A esse belígero corneteamento vem agora se juntar a histeria fônica pré-carnavalesca.

Bandos de bípedes passam e repassam pelo infeliz Triângulo, em mangas de camisa, balindo, latindo, mugindo, grunhindo, guinchando, urrando, taralhando, coaxando, crocitando, zurrando, ululando, com grandes risos alvares na cara e ademanes atávicos do pitecantropo ereto.

São seguidos por automóveis com mulheres dignas de fornecer quartos ao frigorífico de Osasco ou tachadas de sabão criou-lo. Gordas, mamalhudas, desacreditadoras do terceiro inimigo da alma pela exibição de carnaduras *faisandées*, esses cetáceos femininos, pintadas a vermelhão na cara, passam irradiando nuvens de espiroquetas pálidos, símbolos vivos da Avaria.

Remata o rancho um bando de homens fardados, produtores de barulhos; malham uns nos bombos; outros assopram trombones, saxofones, flautas, clarinetas e mais instrumentos amarelos de provocar vibrações do ar. Tais vibrações, produzidas dentro de uma rua estreita, com uma muralha de paralelepípedos por baixo e a muralha dos prédios lateralmente, escapam na quantidade de um terço pela estreita abertura superior, e por dois terços são absorvidos pelos tímpanos dos miseráveis seres humanos que têm a desdita de se encontrarem dentro do seu raio de ação.

Caso de *habeas corpus* não é. Este remédio só cura do corpo inteiro, não admite a desintegração de um *"habeas auricula"*. Não havendo remédio jurídico, nem policial, nem higiênico, acho, logicamente, que o povo tem o direito de recorrer à justiça sumária indicada pela legítima defesa dos seus tímpanos. É agarrá-los e atufar aquelas bocas com algodão em rama; é furar o bombo do zé-pereira; é amarrotar um por um os tais aparelhos amarelos de produzir sons. Quanto ao mulherio, não há vacilar a respeito do seu destino: é tangê-las para Osasco. Só assim seremos reintegrados nas incomparáveis delícias do Silêncio.

Royal-street-flush arquitetônico[*]

Está na berlinda, a propósito do monumento da Independência, um fato que toca de perto a honorabilidade paulistana.[1]

O caso é este: um dos concorrentes ouviu dizer que nestas plagas tudo se arranja, sendo a questão coisa só de preço e jeito. Fiado nisso, organizou um meticuloso plano de campanha para arrebatar a muque a palma da vitória. Não confiou apenas, como fizeram os demais, nos méritos estéticos da sua arte: pôs em jogo os melhores truques da arte de ganhar concursos, na qual, não resta dúvida, é um gênio.

Trouxe cunhas de primeiríssima, cartas dos melhores padrinhos italianos, a começar pelo papa, endereçadas às altas potências paulistanas com voz decisória no certame.

Não parou aí. Presenteou ainda com bustos de bronze, da sua lavra, todas as personagens marcantes do nosso alto bordo, capazes de cochichar ao ouvido de Têmis uma palavrinha ajeitadora. Não esqueceu, por exemplo, o presidente do estado, nem para maior reforço uma pessoa da sua família. Não esqueceu o célebre deputado-poeta que entre nós exerce a mimosa função de plenipotenciário de Apolo, Minerva e Mercúrio junto ao Tesouro

---

* Este texto não consta da 1ª edição de 1919, foi incluído por Monteiro Lobato na edição de 1946. Nota desta edição.

[1] Fora posto em concurso o monumento do Ipiranga e Monteiro Lobato defendia furiosamente o projeto do escultor Rollo. Este artigo é um dos em que atacou o projeto do escultor Ximenes, afinal o vencedor. Nota da edição de 1946.

paulista. Nem esqueceu nenhum dos demais paredros suscetíveis de se enternecerem com a gentilíssima amabilidade.

E tal certeza tem ele de levar avante a empreitada que apresentou ao lado da sua maquete uma frisa em tamanho natural, obra definitiva, pronta para ser incorporada ao monumento. Essa frisa, que vale ou custou uma fortuna, jogá-la-ia ele no pano verde dum concurso se não estivesse convencido de ter um *royal-street-flush* na mão?

Isto é público e notório: sobre outras combinaçõezinhas não públicas nem notórias, fiquem por lá no segredo dos bastidores. À nossa tese bastam os fatos acima. Pergunta-se: foi limpa a intenção do escultor? Teve em mira homenagear simplesmente as pessoas? Não parece, visto como ao organizar a lista dos bustuandos só incluiu nomes de julgadores, diretos ou indiretos, dando a entender que só visou puxar brasa para a sua maquete.

O caso é sério. É dos que despertam os gansos do Capitólio e fazem-nos levar o apito à boca. Significa, nem mais, nem menos, o intuito deliberado de vencer pela peita de alto coturno, aliada a um fidalgo e artístico suborno.

Errou, entretanto, o senhor Ximenes. Está próximo o julgamento e Sua Santidade verificará como mentiram os que na Itália deram como subornáveis os nossos conspícuos pró-homens.

Outra questão agora. Será o seu projeto tal que possa vencer pela simples força do valor estético? Não nos parece, a nós, público, nem aos críticos de arte, nem aos artistas. Inquinam-no defeitos sérios, ressaltantes à primeira vista, falhas que o colocam em plana inferior ao genial projeto de Rollo, ao belíssimo trabalho de Brizzolara e à formosa concepção de Etzel.

Em primeiro lugar, visa somente ao bonito. Ora, o bonito é inimigo figadal do belo e do grandioso, qualidades essenciais num monumento desta ordem.

É frio. Não diz nada. Não o anima nenhuma idéia, nenhum sopro de genialidade, nem sequer um vago fulgor de concepção. Mas anima-o, visivelmente, insistentemente, a intenção do bonito. E é realmente bonito. Todas as moças que o defrontam exclamam logo enlevadas:

– Que belezinha!

Destituído de uma idéia central, diretora, que enfeixe em harmonia de conjunto todas as partes, abunda, por isso, em detalhes vazios de qualquer significação. Aquelas esfinges aladas, que querem dizer? Que função possuem ali? E o casal de leões de asas? E o outro casal de leões sem asas? Haverá nada mais chocante que esta mescla disparatada de Egito, Assíria e Uganda? Por que leões e não capivaras, por exemplo? Ou antas? Ou macacos?

Uma obra de arte, de qualquer latitude, não há de ter um detalhe que não concorra logicamente para o efeito geral. Defeito é tanto uma lacuna como uma excrescência. E essa *menagérie* está no projeto como a mais berrante das excrescências, com intuitos tapadores dos vazios que a fraca inventiva do escultor não soube como encher. Enfeites, apenas; não possuem outra significação.

O mesmo acontece com as quatro enormes colunas-candelabros fincadas nos cantos, todas elas com a clássica mulherzinha alegórica no topo. Esses espeques não se fundem no monumento e quebram-lhe a estética com a sua nota utilitária, iluminativa. Por que esses lampiões *lightíferos* e não quatro chafarizes, ou quatro belvederes com elevadores e uma *terrasse* para chopes em cima?

Falta de inventiva, pobreza de idéias é o que representam. E não é só isso. Na frente do bloco ergue-se um altar com uma pira onde chameja um fogo de bronze, tocado para a direita por imaginário vento. Altar da pátria, fogo sagrado do patriotismo: chavões cediços da arquitetura acaciana. Um artista de talento foge hoje de representar no bronze coisas por essência instáveis e movediças como é a chama: ou, então, estiliza-as. A escultura é a arte do repouso, e mesmo quando figura um movimento toma-o em seus momentos de repouso. Fugir desta regra, fixá-lo pelo sistema do instantâneo fotográfico é positivamente cair no ridículo-impressão que dá a chama realista da pira Ximenes.

O grupo central simboliza uma apoteose *vieux-jeu*. Paupérrima. Um carro tirado por dois pingos árabes, com uma mulheraça à grega dentro, ladeada de uma guarda de honra de figuras gregas a pé; atrás, na rabada do trole, um índio de tanga, à *highlander* – Peri, o pobre do Peri como o representam os tenores italianos dos mambembes líricos. Este grupo significa o que se quiser. É a vitória, o triunfo, a independência, a democracia, as artes, uma apoteose feniana ou uma alegoria dos Filhos de Plutão, à vontade.

Dos grupos laterais um representa a escravidão... O outro fica à mercê da fantasia interpretativa de cada um.

Mas o *coup de foudre*, o canhão 420 do monumento, é a frisa frontal onde se reproduz em alto-relevo o quadro famoso de Pedro Américo. Muito bonita. Mas, como o resto, não resiste à análise.

Dom Pedro, no centro, a cavalo...

Abra-se um parêntese. Diz o depoimento do Barão de Pindamonhangaba, comandante da guarda e testemunha ocular: "Montava Dom Pedro uma possante besta gateada, sendo menos verdadeira a notícia mais tarde dada pelos jornais de que vinha em um cavalo de raça mineira". Ora, se o escultor meteu-se a fazer reconstrução histórica verista, já começou errando. Passou de burro a cavalo. Feche-se o parêntese.

Pedro I, no centro, a cavalo, desfere o grito histórico (grito que o professor Assis Cintra vai provar que ele não proferiu) e pela abertura da sua boca vê-se que já voou o "Independência" e a imperial glote modula o "ou". Qual, num ato destes, a atitude lógica dos ouvintes? A da atenção, da eletrização. Todos suspensos, de olhar fixo no imperador, galvanizados, hão de esperar a conclusão do grito para desfechar o vivório.

Pedro Américo soube grupar magistralmente as figuras e dar-lhes a atitude lógica, única admissível.

Na frisa, porém, é o contrário. Cada cavaleiro assume uma atitude à parte, sem ligação com o grito. Todos divertem-se em cima dos animais; um enrista a espada e procura espetar a caraça de leão da cimalha; outro desce a sardinha sobre o cavalo, como se fora ela um chicote – nenhum atende à voz do imperial senhor. À direita espreme-se uma triste figura de caboclo, entre a cabeça de uma vaca e a anca dum potro: é um caboclinho maninguera, opilado, perfeitamente jeca.

No quadro de Pedro Américo há ali um carreiro, soberbo de movimento e expressão, que passa de largo, espantado com o imprevisto da cena. Na frisa, o jeca, apesar de metido entre as aspas da caracu e o coice possível, está indiferente ao rei, à vaca, ao cavalo e ao público.

No entanto, é linda esta frisa. Não há menina de escola que diante dela não espirre o clássico:

– Que galanteza!

Eis o que é a maquete Ximenes, na qual havia muito ainda que escabichar se houvesse espaço e valesse a pena. Os pequenos enfeites, por exemplo, que pululam aqui e ali; os florões; as piras em forma de fruteira; um baixo-relevo quase *art nouveau*, bastante lombricoidal etc. etc.

Mas não vale a pena. E não vale a pena sobretudo porque, em vista da sua atitude cavatória, subornativa, o seu projeto já está de lado. Ainda há brio em São Paulo, vão ver.

Não obstante...

As quatro asneiras de Brecheret[*]

Brecheret é um escultor que apesar de moço já tem na vida uma série de asneiras colossais.

Asneira básica, fundamental, mãe de todas as outras: ter nascido no Brasil. O Brasil não é terra onde um artista nasça. Deve nascer aqui quem ainda no ovo já sinta comichões condais no cóccix e nas unhas esse prurido ratoneiro que os espertíssimos Ximenes maravilhosamente compreendem e exploram.

Segunda asneira: volta ao Brasil convencido de que pelo simples prestígio do seu talento todas as portas se abririam. A dura realidade fez-lhe ver o contrário: as portas só se abrem com gazuas e gorjetas. O talento único que por cá tem cotação é o do negocista sem escrúpulos, que suborna por meios diretos e indiretos; *verbi gratia*: o grilo do comendador Ximenes.

Terceira asneira: acreditar na seriedade de concursos abertos no Brasil. Em matéria de arte, procede-se no Brasil da mesma forma que em matéria de política, e tudo depende da cavação e da gorjeta, motivo pelo qual a vitória, vira-e-mexe, cai sempre nas unhas dos comendadores.

Três asneiras deste naipe já constituem um acervo de vulto, suficiente para destruir a vida de um artista. Pois o nosso escultor, não contente com a volumosa trindade, ainda cometeu outras menores, como, por exemplo, não expor a sua *Eva* logo

---

* *Este texto não consta da 1ª edição de 1919, foi incluído por Monteiro Lobato na edição de 1946. Nota desta edição.*

ao chegar a São Paulo, fazendo-o agora que se retira de novo para o Velho Mundo.

Porque essa magnífica escultura devia até precedê-lo aqui, como a credencial indiscutida e indiscutível do seu grande valor como artista do mármore. Viria dar ao seu nome fortíssimo pedestal na opinião pública.

A mais séria obra de escultura que até hoje apareceu em São Paulo foi também uma *Eva*, a de Rodin. Dá-lhe essa classificação, primeiro o ser de fato uma obra-prima, segundo o ser assinada pelo grande Rodin.

Pois bem: diante da *Eva* de Brecheret, ora exposta na casa Byington, perde a de Rodin o primado absoluto e passa a ser ombreada por uma rival, igualmente obra-prima, e só inferiorizada pelo fato de a assinar um escultor brasileiro de nome ainda não trombeteado pelas buzinas da fama.

Todas as qualidades que exalçam um mármore à categoria de obra-prima reúnem-se nela. Representa uma mulher, e tecnicamente desafia o anatomista a lhe apontar o menor deslize de fatura. O jogo dos músculos, num equilíbrio perfeito, atinge um desses momentos de verdade anatômica que nos paralisam nos olhos a visão crítica, para só deixar em campo, extática, a visão admirativa.

Mas a uma escultura destas não basta apenas a fidelidade ao natural. Faz-se mister ainda o conjunto de qualidades de expressão que criam a alma da pedra, e por onde se afere do verdadeiro mérito do artista: se é um simples Ximenes hábil, ou um criador de "algo *nuevo*". A *Eva* de Brecheret possui esta alma, este algo indizível, indefinível, imponderável, inclassificável, possui essa força misteriosa que no observador se traduz pela sensação augusta da obra-prima. Inutilmente os críticos de arte amontoam palavras sobre palavras para definir este "quê" perturbador das verdadeiras obras de arte. Fugidio e inapreensível por essência, é dessas coisas que a alma sente mas a palavra não diz.

O comentário único admissível ante tais obras é um silêncio devoto, um silêncio religioso que traduza a confissão tácita de que estamos em face de alguma coisa que transcende o nosso círculo de percepções habituais. Esse estado de alma reproduz-se sempre (em quem tem alma, está claro) pela ação da música, quando é Beethoven quem nos penetra de sons o íntimo da substância; pela ação da pintura, quando a faz a mão do gênio; pela ação do verso, quando o cantam os sumos poetas; pela ação da arquitetura, quando uma catedral se nos defronta; e pela ação da escultura, quando empresta vida à pedra um desses raros plasmadores da vida marmórea. Pois bem: se a *Eva* de Brecheret transfunde tal estado d'alma, não é preciso dizer mais. Isso o sagra. Isso o consagra. E isso cobre de vergonha a nossa petulante Cartago, esta São Paulo que repudia de seu seio um artista destes, exila-o, estarva-o, para em seguida meter no bolso dum famoso grileiro centenas de contos em troca de um presepe de pedra e bronze, cheio de leões, panteras, bugres, cavalos de Tróia, girafas, jacarés etc., num monumento falsíssimo, uma vez que esqueceu os camelos pagantes e como coroamento de tudo não pôs na cúspide um pé-de-cabra.

Brecheret está intimado a fechar a série das suas formidáveis asneiras. Pelo amor de Deus, não cometa a quinta: que seria crer na regeneração disto e regressar mais tarde com sonhos na cabeça em vez de cartas de recomendação no bolso e os dez mandamentos da Arte de Cavar bem decoradinhos. É preciso não esquecer nunca que, apesar da casaca de importação, o aimoré que comia gente ainda vive e viça sob mil disfarces na nossa *haute gomme* social.

Arte brasileira[*]

É crime deixar que morram os ecos da

festa promovida pela Sociedade de Cultura Artística no Teatro São José sem frisar a significação das duas manifestações de arte que mais impressionaram o público.

A "conferência" de Sebastião Arruda foi uma jóia de observação psicológica, de humorismo, de graça, de "estilo". Não faz Arruda uma caricatura do caipira, não o falseia com exageros de charge; mas com fidelidade de miniaturista o reproduz nos menores detalhes, magnificamente equilibrado numa sóbria justa medida, sem uma descaída sequer.

O intróito onde Arruda, depois do "Não vê que..." inicial, aborda o problema da formiga – problema muito lógico, pois "falava uma conferência" numa sociedade de "agricultura" –, e, depois de condenar o uso do formicida por "deixar catinga na terra", expõe o processo da pedra, do tabaco e do espirro letal, é uma cena de alto humorismo, equiparável ao melhor de Mark Twain.

Nunca uma platéia como a nossa, vítima de azia crônica pelo abuso de orchatas francesas como essa que o Lugné-Poe nos forçou a ingerir a 10 contos de réis a dose, vascolejou diafragmas e adjacências com mais sinceros, saudáveis e tonificantes risos. Não era o risinho espremido e forçado, verdadeira careta de mártir de quem sorri por injunções do esnobismo

---

* Este texto não consta da 1ª edição de 1919, foi incluído por Monteiro Lobato na edição de 1946. Nota desta edição.

– sorriso palerma que é um esgar simiesco –, repuxo cômico de músculos faciais.

O que no público ria não era a atitude, nem a francelha cultura do espírito; era a carne, o sangue, a raça, era esse substrato mental e sentimental que nós, medrosos da crítica escarninha dos elegantes que cheiraram Paris e no-lo embutem como padrão supremo, conservamos timidamente em cárcere privado. Que bem faz rir assim!

Em seguida Arruda, hábil nas transições, começa a descrever a criação do mundo. O diálogo entre Deus e Adão, a bonomia de "sêo Deus", o jogo ultracômico dos anacronismos... Que coisa soberba! Quanta arte verdadeira e sadia em tudo aquilo!

De que maravilhosas coisas o brasileiro não seria capaz se o não fincasse no terreno do pastiche o inibitório terror à mofa escarninha do francês! O que nos mata é o francês! Nós temos a obsessão do francês. Que não dirá o Lugné-Poe se não fingirmos achar uma maravilha as suas secas de uma légua e três quartos? Que não pensará de nós Mr. Prudhomme se não enchermos de ouro e aplausos as notabilidades antediluvianas que os vêm cavar aqui?

Isto é avacalhante. Um relíssimo criado de café que se guindou ao palco na primeira ocasião de apuros financeiros pega da amante e da *bonne a tout faire* da amante e tange-se para esta mina. Cá obtêm dos governos todas as facilidades; instalam-se de graça nos melhores teatros; saracoteiam no palco a velhice córnea e os magros cambitos das atrizes *faisandées*; injetam-nos seringações de coisas lá deles; zombam da platéia pascácia representando peças com o original na mão, a gaguejá-las; recebem, em vez do merecido ovo choco, palmas – insinceríssimas, mas palmas, e voltam aos penates cheios de dinheiro, a comentar com muito chiste a inconcebível paspalhice da nossa gente elegante. E os zulus albinos que entre nós, por vestirem casaca e bebericarem champanha, são os diretores estéticos da *haute gomme*, murmuram, encalamistrados de chique colonial:
– "São Paulo inda não está na altura de compreender espetáculos desta ordem".

Eça! Eça! Como te foste esquecer de criar o *pendant* do Conselheiro Acácio, um Damaso a sério, crítico de arte e cubista?

Está claro que diante de coisas como a conferência Arruda a claque da goma alta torce as belfas num muxoxo decalcado pelo último figurino. Mas a sensação do público sensato é bem outra e fala mais alto – e nos diz que Arruda nos curou da azia mortal. Que alívio! Por que não dá Arruda uma série de espetáculos idênticos? Por que o doutor Artur Neiva, da Higiene, o não subvenciona? Um homem que cura a azia coletiva de uma cidade...

A outra consoladora manifestação de arte nossa proporcionou-nos João Pernambuco. É um belo tipo de homem. Nele se estampam em grau acentuado todas as características do brasileiro puro, criado ao ar livre, no contato direto com a natureza bravia. Dentro do seu peito bate um coração. Sua alma é a própria alma da terra. Paris não contaminou um glóbulo sequer daquele sangue oxigenado pelo ar das florestas.

Cantou o *Luar do sertão* com tanto sentimento que inúmeros olhos se umedeceram da mais pura emoção estética. Que soberbos versos são aqueles! Quanta poesia ali, da verdadeira, da autêntica, da que brota espontânea do coração! Rudes, sem atenção para com a forma, cada imagem da canção é um escancarar-se-nos as portas do sonho. Quando o luar se abre no sertão e prateia a verde mata,

> *A gente pega na viola*
> *que ponteia*
> *e a canção é a lua cheia*
> *a nos nascer no coração.*

Haverá nada mais sugestivo, e pinturesco, e mais rico de poesia?

> *Coisa mais bela neste mundo*
> *não existe*
> *do que ouvir-se um galo triste*
> *no sertão, se faz luar!*
> *Parece até que a alma da lua,*
> *que descanta,*
> *escondeu-se na garganta*
> *desse galo a soluçar!*

Que quadro! Que imagens! Que emoção!

E o final, onde o poeta cheio de saudades anseia por morrer lá na serra natal e ser enterrado numa grota pequenina,

onde à tarde
a sururina
chora a sua viuvez?

Poesia, ó civilização avariada, vítima de iodetos, de cocaínas, de Lugné-Poes e de cubices malsãs; poesia, ó Verlaines coloniais, Baudelaires de cocar disfarçado na cartolinha, ó Jean Lorrains da Quarta Parada, poesia é isso! Arte é isso! Sentimento é isso!

Poetas desta força não vão se amortalhar nas antologias caras ao pedagogo híspido e à traça sem paladar, mas tiram seus versos a milhões de exemplares. Seu editor é o povo.

O papel em que se imprimem não vem da Suécia, não é pasta de celulose morta; é a carne viva do coração ingênuo de toda uma raça.

Lugné-Poe não os citará em conferência à faiscação d'ouro e luz do Municipal, nem a Després os recitará jamais; mas pelos campos, extremo a extremo do país, eles soarão através dos lábios das caipirinhas; e as árvores, os córregos, a relva, toda a paisagem estremecerá revendo neles sua alma recôndita.

E como Pernambuco os diz bem!

Até na gesticulação, angulosa, larga, sem arrebiques molengas de conservatório, bárbara e sadia, puramente reflexa da emoção sentida, é ele o homem daqueles versos. Por sua vez a música, melopéia singela e nostálgica, contribui para dar aos poemas de Catulo a mais harmoniosa das molduras.

Se tivéssemos mais disto e menos das desnalgadas salafrarices do café cantante... No entanto o pábulo permanente que o nosso público tem é o *Viens poupoule...* a *Mam'elle Zut-Zut*, as escorrências malsãs dos Pollins, os dejetos todos do apachismo de Montmartre, o *toutou*, a perna fina, o *maillot* seboso, a feiúra e a velhice matusalenesca das cantoras gomosas *à voix*, das *diseuses* trescalantes a avaria luética na alma, no corpo e na arte.

Ai! Quando nos virá a esplêndida coragem de sermos nós mesmos, como o francês tem coragem de ser francês, e o inglês a de ser inglês, e o alemão a de ser alemão?

Quando? Quando?

Antônio Parreiras[*]

Antônio Parreiras acaba de publicar uma coisa que devia ser obrigatória por lei a todos quantos tivessem uma vida de relevo social, nas artes, na ciência, nas letras, na indústria: as suas memórias.

A história é um processo contínuo do que se fez no passado, com o objetivo utilitário de nortear o futuro. Se fosse apenas um recreio, o cinema novelesco a superaria com vantagem. Só o que se fez ensina o que se deverá fazer para o diante. Memórias são depoimentos pessoais no intérmino processo, e valem por más testemunhas os que silenciam egoisticamente sobre o que fizeram ou viram fazer. O silêncio em tal caso corresponde a refugir ao cumprimento de um dever iniludível – contribuir cada qual com o que possa para que o amanhã seja, se não melhor, pelo menos mais esclarecido do que o ontem e o hoje.

Os velhos povos europeus de cultura bem quilotada não desdenham deste depoimento pessoal, em regra póstumos, o que lhes permite maior independência de juízo. Todo mundo por lá publica memórias – de Napoleão ao seu criado de quarto Constant. Escrevem-nas de próprio punho, se podem, ou de punho alheio, em caso contrário.

Entre nós não há esse hábito. Não deixam memórias os nossos artistas, nem os nossos homens públicos. Raro um Barão

---

* Este texto não consta da 1ª edição de 1919, foi incluído por Monteiro Lobato na edição de 1946. Nota desta edição.

de Drummond, em cujas memórias os nossos historiadores ou romancistas vão beber luzes esclarecedoras dos ocos escuros, das interrupções de corrente que supliciam os estudiosos que só têm à mão documentos oficiais.

Da *História de um pintor*, que Parreiras vem de publicar, um verdadeiro jorro de luz se projeta na história da pintura brasileira de cinqüenta anos a esta parte – sobretudo na história psicológica, a mais interessante. Revela-se ali a mentalidade do nosso povo no que diz respeito à arte, e a dos magnatas a quem incumbe o seu fomento. E ressalta mais uma vez o vulto grandioso de Dom Pedro II, o homem tão superior moralmente ao meio que houve necessidade de bani-lo daqui.

Parreiras foi um dos discípulos de Grimm, pintor alemão que veio romper com a pintura acadêmica da nossa escola e com a técnica de receituário ali ensinada entre quatro paredes, longe do sol e ao abrigo dos ventos. Grimm só admitia o ar livre, o ateliê-natureza. Agarrava as tintas e saía com seus alunos pelos campos e matas e praias, alheio ao queimor do sol guanabarino, aos tropeços e ao cansaço.

Mas Grimm copiava apenas. Fidelíssimo nas reproduções, era uma câmara ortocromática de pele cor de presunto e olhos azuis. Não um pintor na sua mais alta expressão: o intérprete da natureza, o cadinho misterioso onde se opera a maravilhosa fusão do exterior com o interior, sob o controle do senso estético.

Seus discípulos, pois, aprendiam a copiar – o que já era muito. Todo progresso se faz por etapas e este paciente copiar e recopiar da natureza tem de vir antes da eclosão última. Copiar cansa; e se o artista possui talento, um dia abre os olhos e por si mesmo descobre o caminho certo. Deu-se isto com Parreiras, anos mais tarde, na Europa. O nosso pintor descreve com muita emoção esse momento augusto em que aos seus olhos deslumbrados a Terra Prometida se desvendou.

Foi nos últimos dias de um outono grisalhento. No campo onde Parreiras pintava tudo eram tons levíssimos, dos que se fundem e esbatem os contornos das árvores, das pedras e das criaturas que animam com a nota humana a paisagem exausta do fim do dia. Passava um rebanho silencioso, sob a guarda de um pastor friorento na sua capa de lã grosseira, tão pictórica.

Não havia linhas. Só massas. Como, pois, reproduzir aquele fugidio estado d'alma da natureza, prestes a engolfar-se nas sombras da noite, pelo sistema de Grimm, todo resumido na supersticiosa fidelidade da objetiva Zeiss? E como dar por processo tão mecânico o que mais interessava no quadro – a poesia dos longes esvaídos, a tristeza das árvores seminuas, o tom geral de ângelus que avioletava tudo? Pintá-la à moda de Grimm seria fixar o esqueleto de auras macias, o arcabouço de eflúvios perturbadores. E Parreiras, como um íncubo, encontrou-se aberto para a verdade – e "sentiu" a paisagem outoniça como se fizesse parte dela.

Operou-se o *fiat*. Sua mão febril agarrou nervosamente os mais largos pincéis e seus olhos se cerraram. A tela foi agredida com frenesi, a lambadas gordas de tintas, sem que lhes delimitasse os ímpetos.

O artista perdeu a noção do tempo. Fez-se força da natureza, livre de peias, selvagem, léguas longe da domesticação acadêmica.

Súbito, parou. A tela estava cheia e sugeria, vista de perto, um borrão informe, como empastado ao acaso da louca fantasia. Recuando uns passos, porém, o artista, radiante, viu a sua primeira grande vitória no domínio da arte pura. A sensação que lhe dava a pintura era a mesma que lhe havia dado o "entre lobo e cão" do entardecer outoniço.

Foi nesse momento que Parreiras, o glorioso discípulo de Grimm, despediu-se para sempre do seu querido mestre...

Apesar de incorreto na linguagem, Parreiras revela-se neste livro mais escritor que muito "imortal" corretíssimo. Escreve como pinta – comovido, e desse modo transmite ao leitor as emoções que sente.

Impossível a quem o lê esquecer a cena do seu primeiro encontro com Dom Pedro II, nem a história do seu concurso onde lhe deu a vitória o Barão de Cotegipe, o estadista que enxergava longe.

Poucas vezes temos lido com maior encanto uma autobiografia. Talvez porque o escritor não passe do mesmo pintor apenas trocado de instrumento de expressão. Usa da pena como usa do pincel, e em tela de 150 páginas pinta com palavras um panorama dos que de um jato o leitor vê com os olhos da imaginação. E como é preciosa a dose de subsídios que nele se reúne para a história de um momento da nossa vida estética, só temos louvores para a sua feliz idéia de compor tal livro. Assim o imitassem outros, para que dos nossos artistas não ficassem apenas, como rastro da sua passagem pelo mundo, os palmos de tela dispersos por paredes das casas ricas ou museus.

Necessitamos de visão de conjunto, única que traz lição, e no relativo à história das artes o meio de permiti-la aos pósteros é fazer o que Parreiras fez: depor singelamente.

Um romancista argentino[*]

Muito se escreve entre nós da riqueza material da Argentina, seu formidável intercâmbio comercial, seu coeficiente de produção por cabeça, um dos mais elevados do mundo. E como a par disso pouco se diz da riqueza mental dos platinos, nasce a impressão de que não existe paralelismo entre uma e outra.

De fato, o crescimento prodigioso da primeira não permitiu à segunda um surto proporcional. Os próprios argentinos notam o desequilíbrio da balança, e já as novas gerações estabelecem como ideal a reconquista da harmonia. Arregimentam-se, trabalham, e dia-a-dia ganham o terreno perdido.

Manoel Galvez, nome em foco pelo muito que está fazendo em prol desse ideal, é, talvez, o mais esclarecido propulsor da neocultura argentina. Não se limita a pregar, age; diz e faz; é a um tempo condutor e obreiro.

Há anos, em prefácio dum livro premiado pelo governo – *El solar de la raza* –, onde se entoa um hino de amor à velha Espanha *castiza*, galvanizada no orgulho andrajoso dum tradicionalismo feroz, a Espanha semimorta de Toledo, Salamanca, Segóvia, Siguenza e Ávila, Galvez escreveu estas palavras que valem um programa e se aplicam também ao Brasil das zonas enxertadas de nova colonização.

---

* Este texto não consta da 1ª edição de 1919, foi incluído por Monteiro Lobato na edição de 1946. Nota desta edição.

"O cético materialismo de hoje é coisa nova, pois surgiu com a febre de riquezas vinda da Europa. O imigrante vencedor introduziu no país um novo conceito de vida. Seu triunfo sobre o gaúcho, no qual se encarnavam os antigos valores espirituais, e seu êxito flagrante na aquisição da riqueza impuseram esse conceito.

O adventício, não trazendo senão o propósito de enriquecer depressa, contagiou os homens da terra com o respeito exclusivo aos valores materiais. E o idealismo desapareceu, mal se esfumaram os últimos vestígios românticos nos que ainda concentravam em si a alma nacional.

Queremos, agora, infundir na pátria uma alma e um caráter próprios, fazendo brotar da terra angustiosamente resseca, que é a nossa vida material, as nobres fontes do idealismo. Doutro modo será este povo um corpo sem alma, uma pobre coisa sem transcendência. Já construímos formidáveis diques de energia e de riqueza; resta-nos enchê-los com a água vitalizante da espiritualidade. Porque eu creio na fertilidade espiritual do meu país, e não compreendo que ela não corresponda à prodigiosa fertilidade da terra."

Em torno desse programa cerrou fileiras uma mocidade vibrante, rica de seiva, com elementos capazes duma grande obra. São os pioneiros do traço de união entre a Argentina heróica de Sarmiento e a "Argentina força de civilização" de amanhã. A solução de continuidade criada pelo argentarismo momentâneo não resistirá à ofensiva idealista.

O que vale essa onda de cultura sabem-no até estrangeiros como nós, porque até nós chegam os reflexos do movimento. Sabe disso quem tem o hábito de parar nas livrarias para cheirar as novidades. Recrescentemente avultam nos balcões livros argentinos. Ingenieros chegou já a popularizar-se no Brasil, par a par com os mais conspícuos mestres do pensamento europeu. Não existe biblioteca que se preze onde não figure, pelo menos, o seu *Hombre mediocre* ou a *Simulação na luta pela vida*.

Na esteira do eminente sociólogo entraram os outros, depois que as edições da Cultura Argentina, empresa editora norteada por um critério inteligentíssimo, começaram a veicular intensamente o pensamento argentino, antigo ou moderno.

Essa coleção divulgou Alberdi, espírito universal, aberto às mais generosas idéias, obreiro inteligente da formação pátria. Vulgarizou Sarmiento, outro padrão glorioso de virtudes cívicas, além de cérebro criador como os há, raros, um ou outro, no período caótico de cada nacionalidade. Revelou Ameghino, um sábio que sabe aplicar a ciência universal ao seu país e tem fôlego para criar teorias próprias.

Bastaria isso, mas a editora foi além. Publicou Quesada, político de visão ampla; Bunge, um sociólogo emérito; Victorica, Pelliza, Bilbao, Moreno, Mejía, Merou – historiadores, críticos e sábios. Todos, velhos e novos. Os silhares fundamentais da velha Argentina e o bando moderno que constrói a cúpula do edifício, poetas, romancistas – artistas de mérito vário, mas obreiros, todos, duma grande obra.

Neste movimento coube a Manoel Galvez a tarefa do romance – o romance que é a épica dos tempos modernos e o campo dileto dos espíritos verdadeiramente criadores.

Iniciada essa épica, outrora, com o *Martín Fierro*, de Hernández, e o *Facundo*, de Sarmiento, encontrou em Galvez um remodelador de fôlego. Espírito ricamente facetado, iniciara ele sua ação nas letras com dois livros de poesias; depois lançou-se à crítica social e por fim "descobriu-se" romancista. Só aqui, neste campo, encontrou Galvez o instrumento bastante preciso para, a um tempo, satisfazer o poeta, o crítico e o reformador que lhe formavam a personalidade.

Sua primeira novela, *La maestra normal*, valeu por uma revelação fulgurante, e ficará na literatura como o primeiro grande romance da moderna Argentina. Nela estuda a vida de província, numa dessas cidades mortas, envelhecidas antes do tempo, como as possuímos inúmeras cá no Brasil. A vida de La Rioja é, como nas La Riojas brasileiras, um meticuloso tecido de pequeninas intrigas, rivalidades baixas e paixões sórdidas, tudo regido pela terrível fiscalização que os habitantes exercem uns sobre os outros. O homem é o mesmo em toda parte, e a vida riojana, inquinada da mesquinhez própria dos agrupamentos humanos restritos, é a mesma da província francesa, brasileira ou italiana. Galvez estuda-a com serenidade – serenidade que é também resignação de filósofo, porque, sabe-o ele, a "vida foi, é assim, e não melhora". Descreve uma dúzia de personagens e os faz viver na vida maravilhosa da arte. Possui a grande faculdade – qualidade maior de todas – de fisgar o tipo subsistente no âmago de cada criatura humana e conservá-lo, lógico, uno, em todo o decurso da obra. O caráter de cada um, à medida que transcorre a ação, mais e mais se acentua, de modo a imprimir no leitor imagens indeléveis.

Dona Crispula, as "Guanacas", Don Nilamon, Palmarim, Solis e os mais são criaturas que vivem na obra tão intensamente como viveram na realidade, mas vivem sob a estilização e a concentração que, só elas, conseguem fazer do verismo coisa aceitável em arte.

Raselda, a heroína da novela, é uma criação literária das mais difíceis de serem conduzidas, porque Raselda é a mocinha dúbia, vacilante, de caráter malformado, toda incertezas e reticências na ação. No fundo, única luz de farol a guiá-la, a tara dum temperamento atávico.

Solis, o eterno açor engatilhado contra os débeis, percebe-lhe a fraqueza de caráter, faz-se amar e cai sobre a pobrezinha numa aterrissagem de gavião. Raselda, mimosa flor de fraqueza, rola inerme, cai. O rapinante sacia-se, foge e deixa-a nua, amarrada ao pelourinho, exposta às chufas, ódios, desprezos, bicadas do bando de urubus que tomam lições de moral com Tartufo.

É uma eterna história. É a eterna história do inocente pagando o crime do pecador. Lá, como aqui, como em toda parte, a moral corrente só pune o crime dos crimes: a sinceridade. E só galardoa a virtude das virtudes: a hipocrisia.

Galvez, porém, não fica no verismo cruel que pinta, à maneira de Maupassant, sem julgar, a tragicomédia quotidiana. Seu idealismo arrasta-o à evolução sofrida por Tolstoi, e em *Nacha Regules*, seu último romance, ascende ao simbolismo. Esse livro lembra a *Ressurreição* do apóstolo eslavo. Propugna a regeneração social da mulher pelo amor.

Monsalvat, homem que à alta cultura do espírito alia um coração, encontra na vida uma alma de mulher esmagada no jogo das engrenagens cruéis. Empreende salvá-la, e a isso consagra a existência. Transcorre então a mais pungente odisséia. O apóstolo decai socialmente – decai no sentido pragmático que os salões ricos dão às almas nobres que os repudiam, por verem neles a apoteose grosseira de todos os arrivismos hipócritas. Decai purificando-se, subindo, sacrificando tudo a um ideal de bondade. Decai e cai, como Ícaro, como os apóstolos, como os sonhadores, como o herói manchego.

Porque a vida evolui, mas não melhora. O homem é uma doença da Natureza – e a pior de todas porque é uma doença inteligente. Teima em superpor à natureza a sua vontade e é, cada vez mais, um conflito lamentável de duas evoluções contrárias, a natural e a humana.

Se Galvez muda de atitude filosófica em *Nacha Regules*, não perde as qualidades de artista, e continua criador de tipos e vigoroso paisagista de almas. E como é moço, na pletora ainda da força criadora, não ficará aí. Continuará construindo-se. E dará à nova Argentina uma contribuição de ideal preciosa nesta campanha empreendida para restaurar o equilíbrio da balança. Se a concha do ouro já está cheia, começa a encher-se a outra. A Argentina está predestinada a possuir uma civilização integral. Dará o que prometeu com Sarmiento.

Um grande artista[*]

A pintura espanhola, após o

apogeu atingido com os Velázquez, os Murillos, os Zurbarans, os Goyas, declinou. Surgiu na Via Láctea o "saco de carvão" e ela perdeu a força, a grandiosa potência de execução, a agudíssima percepção emotiva da natureza, caindo no gênero histórico que "arma" cenas frias de museu, e no academicismo que obtém todas as honras oficiais mas não logra sobrevivência.

Embora grandes, Pradilla, Benliure, Villegas e Madrazo não conseguiram arrancar-se ao pego e reacender a esteira luminosa. Fortuny foi cometa isolado que lucilou um momento nessa penumbra.

A reação começa com Zuloaga, negado e conspurcado a princípio, recusado nos salões, mas vitorioso afinal, estrondosamente, a partir do seu aparecimento em Bruxelas.

Estava aberta a fase nova da pintura espanhola, derrotado o oficialismo acadêmico e reaceso o facho extinto.

Note-se: Zuloaga jamais cursou academias, nem sequer copiou antigos. Fez-se pelo estudo direto, ininterrupto e honestíssimo da natureza.

Este fenômeno é constante, e repete-se por toda parte. A arte evolui numa intermitência de fases criadoras e fases de repouso acadêmico em que a imitação, a coação do livre vôo, a emasculação da personalidade, criam o mericismo. Imita nisso

Este texto não consta da 1ª edição de 1919, foi incluído por Monteiro Lobato na edição de 1946. Nota desta edição.

o estômago dos dromedários, ruminando, remascando, remoendo o bolo alimentício dos antigos.

O ressurgimento vem sempre por intermédio dos gênios rebeldes que abandonam as "receitas de bem pintar" e fazem nova consulta à natureza.

O grande artista que nos dá a honra de uma estada aqui, Cesáreo Bernaldo de Quirós, pertence a esta plêiade vanguardeira. Também ele, depois de concluso em Buenos Aires o tirocínio preliminar e indispensável da escola, o qual disciplina a mão e dá o á-bê-cê da arte, partiu com prêmio de viagem para a Europa e lá se fez. Mas se fez longe das academias, livre de mestres de ação uniformizadora. Pôs-se em contato permanente com a natureza, e tão amorosa, tão honestamente a interrogou, que a boa fada se abriu para com ele e lhe deu o sésamo de todos os segredos. Quirós é mais que o maior pintor argentino: é um grande pintor de todos os tempos. Isso porque, libérrimo, soube desabrochar a sua fortíssima e ousadíssima personalidade de escol até a máxima plenitude. Não sofre a restrição da nacionalidade, e se contingências de classificação o filiarem um dia a alguma escola, perto estará da que nasceu com Zuloaga, e inteiramente dentro da escola das escolas – a livre, a suprema, a escola dos mestres que a natureza faz.

A sua exposição é deveras notável – podemos dizer sem temor de erro que é a mais séria que já se fez em São Paulo. E a sua arte é a grande arte dos eleitos.

Caracteriza-o como pintor a intuição agudíssima do que é a luz. Um criador audacioso de neologismo poderia dizer dele que é um luzista, como se diz um colorista. No colorista predomina o senso da cor; naquele predominaria um senso mais alto, o da luz mãe da cor, o da luz no momento em que desabrocha em cor.

A cor é como a resultante, a materialização, a fixação, a parada da luz – e está ao alcance, em todas as suas finuras, de quem possui bons olhos. Mas a luz antes de ser cor, a luz no momento de *fiat* da cor, a luz a criar o nascer da cor, só para uma rara organização de artista é perceptível e compreensível.

Quirós possui este dom. Seus quadros são estados d'alma da luz, são "momentos da luz". A cor neles existe, não fria, não morta, não extinta, mas nascente, a produzir-se na fulguração da luz. Em certos quadros é tanta esta emanação de luz que o espectador tem a sensação física de defrontar um misterioso foco luminoso.

O crítico sente-se empolgado pela sensação total da tela, e esquece, não pode, não consegue detalhá-la para a análise parcelada de tons, valores e demais qualidades – trama oculta que se funde no efeito final visado pelo artista: a obtenção dum momento de luz.

Vencida esta impressão primordial e submetida afinal à análise, a pintura de Quirós denuncia logo, como subpredominante, a justeza dos valores e tons, justeza tamanha que é com esforço que fugimos à obsessão da unidade harmônica.

Depois fere a vista a variedade e rara habilidade de técnica – da técnica livre, da técnica que o tema impõe e não da técnica-receita, aprendida de cor.

A paixão de Quirós e o seu respeito pela natureza são imensos. Ele a vê como sinfonia em perpétuo ressoar, feita de milhares de notas que uma por uma é mister compreender e apreender.

Vive nela, pois, corteja-a como apaixonado amante, aborda-a de todos os lados, ao ar livre como nos interiores, animada ou inanimada – não dando supremacia a esta ou àquela forma. Num quadro onde entre figura merece-lhe o mesmo carinhoso estudo a criatura humana ou os estofos que a rodeiam.

Há, porém, os temas em que a figura é o objetivo principal e nestes o que ele visa é dar a impressão psicológica do caráter da personagem. Consegue-o superiormente, obtendo telas com magnífica força de síntese, como *O louco*, tipo popular cujo desarranjo de cérebro se denuncia nos mínimos detalhes, na posição vaga das mãos, no modo anormal de pousar o pé, tanto quanto na expressão fisionômica. Embora o louco se marque pela incoerência da ação e das atitudes, há nesta incoerência um ritmo que não escapa ao observador. Este ritmo da loucura em seus caracteres externos o quadro o dá de modo flagrante.

Ao lado desta tela citaremos *O morajú*, nome de um pássaro boêmio e explorador dos outros (como o nosso vira), dado por analogia ao homem errante dos campos, o *gaucho malo* que vive à custa alheia. Toda a alma venenosa dessa espécie de cangaceiro platino está posta a nu no quadro. O olhar sombrio que diz tudo – espelho da alma mais que nunca – e a atitude de bote armado se casam, num ambiente lógico de paisagem áspera, com a vegetação desértica denunciada na rudeza da palma, tudo recoberto por um céu torvo. No *Gaúcho* fixa-se a súmula de um tipo sub-racial, matéria-prima donde saíram heróis bandidos como Facundo Quiroga. Dêem-lhe meios, favoreçam-no as circunstâncias e desse campeiro anônimo ressurtirá um caudilho.

Em *Beatas* a fisionomia da primeira velhinha diz da casta inteira dessas víboras maliciosas, que têm a cauda enleada no altar e os dentes na reputação alheia.

Já em *Canto de atelier*, uma pura maravilha de "conseguimento", o objetivo do artista foi a sinfonia de um ambiente de volúpia aristocrática onde os estofos caros, os quadros, os móveis de luxo concorrem com um nu extraordinariamente luminoso para a totalização de um efeito. É difícil conceber-se em matéria de pintura uma complexidade mais una, um ambiente mais ligado, maior riqueza de tons e subtons; o perfume do luxo moderno – o luxo artístico – bóia no ar, e o conjunto fala do esteta requintado que floresce em tal moldura. Uma perfeita, uma verdadeira obra-prima.

As qualidades deste quadro se mostram em todos os mais do mesmo gênero – natureza-morta que vive, interiores, recantos estofados, vasos, móveis que através da visão do pintor revelam a poesia suave das coisas inanimadas – inanimadas para o vulgo. Vede *Hortênsias*. Nunca tais flores tronejaram tão rainhas como ali. Desfazem-se em um chuveiro de notas cromáticas e emitem luz como nimbadas de uma aura – a maravilhosa aura das hortênsias. Vede *Coquinhos*. É o nosso humilde jerivá, nunca lembrado pelos nossos pintores. Pois nas mãos de Quirós desdobram a riqueza da gama do amarelo, realçada por metais e estofos afins, de modo a resultar formosíssimo quadro. Diante dele impossível não lamentar a miopia dos nossos pintores que não "acham" o que pintar. Quantas flores silvestres, quanta fruta do mato – o craguatá por exemplo – vivem deslembrados dos pincéis indígenas, tão amigos de maçãs, cerejas e mais frutas da

Califórnia! Fosse possível inventar um Quirós para orientador da nossa arte...

Se, agora, do interior pulamos para o ar livre, espanta encontrar a mesma segurança, a mesma força, o mesmo ímpeto criador. *Na rede* e *Jogo de sol* constituem dois prodígios de realização. A luz plena do sol quebra-se de todos os lados, coa-se pela folhagem das árvores, reflete-se nos balaústres, saltita na relva, na rede e nas figuras, tomada de um capricho doido. A luz reina ali, a luz positivamente cabriola, mas o pintor apanha-a no curso de todo este jogo brincalhão e a transporta para o quadro sem nada perder daquela vivacidade cintilante. Maravilhosa coisa! Fixar o instável, materializar o imaterial – e conseguir que essa fixação, essa materialização, produza no espectador o *miroitement* do instável, do imaterial! Os olhos prendem-se-nos a essas telas, o cérebro abre-se-nos a mil sugestões e ficamos a devanear sobre as possibilidades infinitas da pintura.

Em *Patos ao sol* (aliás marrecos) a vitória do artista ainda vai além, pois consegue dar a ilusão absoluta das aves em açodado movimento confuso, como se acaso interferisse na tela um artifício qualquer.

E na paisagem?

A mesma idéia o norteia: apanhar um flagrante, fixar um estado da alma panteísta, um desses fugidios momentos em que a íntima beleza das coisas se revela e que só a educada supervisão dos pintores apreende.

O curral prima entre as expostas; os últimos raios dum sol moribundo lutam com a treva que se aproxima diluída em luar; as sombras se alongam, o rebanho se aglomera; e envolve tudo a poeira de ouro mortiço da luz em agonia. Que maravilhosa tela! Como ensina coisas! Que lição nos sugere da função da pintura como reveladora do *terroir*!

A paisagem é a forma lírica da pintura. O trecho de natureza tomado como tema há de ser um pretexto para transmitir uma emoção sentida; por isso o verdadeiro artista não o reproduz, não o copia com o servilismo da placa pancromática, mas simpatiza com ele e o interpreta no sentido que melhormente o põe a serviço da emoção que recebeu e procura transmitir. Na paisagem de Quirós o *genius loci* é constituído por esta característica. Grande paisagista, portanto; paisagista como a nossa paisagem vive a reclamar um.

Notabilissimamente ele a concebe e com a suma nobreza da honestidade a executa.

Destas breves palavras se conclui que estamos em face de um artista de valor excepcional, visto que culmina de maneira fulgurante em todos os gêneros. Diante de suas telas não há "mas..." nem "se...".

Não há reticências possíveis, e sim uma atitude única, de incondicional admiração e respeito.

Os sertões de Mato Grosso[*]

Nós cá da praia fazemos uma idéia de Mato Grosso bem avessa da realidade. Desde a aula de geografia que o nome desse estado nos impressiona. Faz-nos imaginar uma só e imensa floresta de ponta a ponta, e que floresta! Cada pé de carrapicho tamanho de um jequitibá, e perobeiras a entestarem com as nuvens. E a bicharada lá dentro? Onças de dentuça arreganhada, mais temerosas que os dois lobisomens de cimento que montam guarda ao portão da chácara do Fabrício em Caçapava. E índios, como aqueles antigos caetés lá do Norte, que ao bispo Pero Sardinha comeram assado num bom espeto de pau-brasil, com a nossa sem-cerimônia no comer uma gorda sardinha Brandão Gomes.

Mato Grosso! Metia o espavento n'alma o só pronunciar tão temeroso nome – e com essa impressão ainda da infância fomos ver a fita *Rondon*, levando no bolsinho do fósforo um vidro de sais para algum chilique.

Mas...

Mato Grosso nada! Capoeirinhas...

As árvores, umas imitam aqueles emperrados eucaliptos de Mogi das Cruzes; outras são relíssimas árvores iguais às da estrada do Buquira – quaresmeira, bico-de-pato, chico-pires, mamica-de-porca, e as mais compendiadas no livrinho sobre paus do amigo Huascar Pereira.

* Este texto não consta da 1ª edição de 1919, foi incluído por Monteiro Lobato na edição de 1946. Nota desta edição.

Feras, nem uma para consolação. Parece que o Teodoro não deixou lá nem ovo de jacaré nas praias das lagoas, nem filhote de quati no mato. Escumou a zona a tiros da sua Springfield, espingarda evidentemente melhor que as Lafourché de carregar pela boca dos mato-grossenses. Estas em geral têm o vício de "tardar fogo" ou de "negar fogo" – o que sempre favoreceu a salvação dos animais silvestres. Mas veio o Roosevelt com a Springfield...

E bugres?

Ah, os bugres de Mato Grosso! Uns são visivelmente encarregados de perpetuar aos olhos dos visitantes e turistas a selvatiqueza daquelas brenhas, de modo que não desapareça a velha tradição gentílica. Quando riem, arreganham à moda dos antropófagos – mas só de brincadeira. Outros são civilizadíssimos, capazes de dar muita lição a estas gentes cultas do litoral, que, já com quatro séculos de europeanismo no lombo, lêem o *Binóculo* de João do Rio e juram em cima do senhor Venceslau Brás. Ah, se fôssemos aqui civilizados como os índios que Rondon nos mostra em sua fita... E tivéssemos as coisas que eles têm...

Em matéria de monjolo batem todos os fazendeiros de Buquira, Caçapava, Jambeiro e adjacências, os quais ainda estão com a engenhoca na forma como a concebeu o inventor: cocho, haste, mão e pilão. Os monjolos de Mato Grosso são quádruplos, socam por quatro bois. Coisa papa-fina!

Além disso os sertões de Mato Grosso são trafegados por fortes auto-caminhões, cujos perfumes gasolíneos se casam harmoniosamente com a "balsamina em flor" de Coelho Neto. Os *chauffeurs* nhambiquaras manejam aquilo com a mais requintada perícia. Metem num chinelo, não resta dúvida, o Juca e mais o Dico de Caçapava. Ah, se Cunhambebe, Araribóia, Peri e outros paredros indígenas os vissem...

Índio autêntico em Mato Grosso, nhambiquara dos absolutos, na verdade só existe um – e importado do Rio de Janeiro. Veste farda, traz na cabeça o capacete de lona dos africanistas e chama-se Cândido Mariano Rondon.

Quanto ao resto, para vê-los escusa ir a Mato Grosso. Lá pelas imediações de Caçapava, Taubaté e Tremembé há-os iguaizinhos, se não mais abugralhados ainda. A diferença está em mais ou menos roupa no corpo. Ponham em pêlo os nossos caipiras daqui, inclusive o Cornélio Pires, façam-nos dançar as danças guerreiras de Gonçalves Dias, botem as caboclas a mascar milho para o cauim – e qualquer cinematografista não precisa chegar até Mato Grosso para produzir excelentes fitas de nhambiquaras.

A diferença única é que os nhambiquaras de cá são muito mais feios que os de lá.

Na fita *Rondon* vemos umas iraceminhas de encher o olho e pedir bis, ao passo que as paraguaçus daqui são umas figas bentas das quais fogem a quatro pés os três inimigos da alma, principalmente o terceiro – como disse Camilo das mulheres de entre Famalicão e Braga.

Há lá, muito curioso e inteligente, o regime do boi cargueiro, coisa bem mais adiantada que o nosso regime do cargueiro muar. Em chegada a tropa ao destino e descarregada a mercadoria, os tropeiros comem o boi. Aqui têm de agüentar com o burro no pasto e outras coisas.

Em suma: a fita *Rondon* ensina-nos tanto que os espectadores saem do cinema enfiadíssimos e desconfiadíssimos de que os verdadeiros bugres são eles.

A sexta parte da fita é ansiosamente esperada pelo público, graças ao aviso inserto no programa. Aviso à pudicícia para que em terminada a quinta parte sumam-se dali os inocentes, a fim de que não tenham de corar diante de adões cor de cobre em trajes paradisíacos anteriores à folha de parra. Mas não sai ninguém; ao contrário, entra mais gente. Os que estão a cochilar despertam e lambem os beiços; os desatentos ficam como cachorro que amarra perdiz; as senhoritas tapam a cara com o leque para mais a cômodo espiarem pela frincha das varetas. Os marmanjões engraçados e desdentados lançam umas piadas gosmentas – e é de boca entreaberta e olho arregalado que o público vê surgir na tela os primeiros índios nus. Estouram a espaços gargalhadas ou espremem-se à socapa risinhos feminis. Os comentários fisiológicos são insuscetíveis de virem à tona dum jornal católico, apostólico, romano e perrepista como esse bom *O Povo* de Caçapava.

A fita termina dando aos civilizados, entre os quais a nudez é impura, uma linda lição de nudez casta como a de todos os animais. Termina portanto com uma lição moral. Meu Deus, como o nhambiquara *docet*!...

A conclusão que a fita *Rondon* impõe é curiosa e inesperada. Aquele gentio de Mato Grosso está maduro demais para ser catequizado por nós outros aqui da zona litorânea. Não há maior contra-senso do que convidá-los a deixar um sertão assim tão prosperado e uma vida agradável, fresca e livre, para, incorporados ao padrão geral da nacionalidade, virem beber uma pinga com arruda muito pior que o cauim, e ler os telegramas da Agência Havas, e votar no governo.

Nós é que estamos a berrar por uma catequesezinha...

O Vale do Paraíba – diamante a lapidar[*]

No seu silencioso afã desintegrador vai a Erosão demolindo as orgulhosas montanhas e criando os vales. É a grande fautora do Nivelamento, a pacientíssima obreira duma grande tarefa: transformar a crosta do globo em superfície lisa, sem altibaixos – como já o é a parte recoberta pelas águas oceânicas. Pacientíssima, porque não conta o tempo: há milhões de anos que a Erosão se esforça no desmonte do Himalaia, e nisso prosseguirá por outros milhões de anos ainda – mas *Himalaia delenda est*. Aquela enorme ruga da crosta terrestre está condenada a desaparecer transformada em mansos vales e por fim em planuras.

A Erosão é a mais cruel inimiga das montanhas. Onde existe uma, lá está ela atracada, a corroê-la mecânica e quimicamente, a rasgá-la de ravinas, barrancas e boçorocas, a desagregar-lhe as pedranceiras, e esfarelar-lhe a substância para o acamamento final dos vales.

Que é um vale senão o corpo da montanha esmoído e aplastado nivelarmente? E o homem recebe esse trabalho da Erosão como a maior das bênçãos, porque é no solo assim em nível que ele pode aperfeiçoar as culturas com que extrai do solo as substâncias vitais.

Daí serem os vales os viveiros das civilizações. Daí as guerras para a sua disputa. A Mesopotâmia, o vale do Nilo...

---

* *Este texto não consta da 1ª edição de 1919, foi incluído por Monteiro Lobato na edição de 1946. Nota desta edição.*

Nós temos a Mantiqueira, o levantamento orográfico que vai de leste a oeste e, ainda majestoso, se alteia em píncaros como o do Itatiaia. Mas que foi a Mantiqueira nos inícios, logo após a comoção telúrica que a fez emergir? Que altura já tiveram as Agulhas Negras, que hoje nem chegam a três mil metros? *Ignorabimur*. Já o fim da Mantiqueira podemos prever: anulação total. Irão diminuindo os seus píncaros, baixando os seus contrafortes, tudo desagregado em areia e detritos formadores do vale. De mero elemento de beleza para os olhos do homem amigo de panoramas, daqui a milhões de anos a Mantiqueira estará transformada em elemento de utilidade agrícola: solo arável, superfície plana apta a receber culturas.

O Vale do Paraíba é, pois, um filho da Mantiqueira – é a própria Mantiqueira desintegrada e aplastada em lençol lado a lado da corrente líquida que lhe constitui o eixo: o rio Paraíba.

Quis o Destino que esse vale visse nascer em seus extremos duas metrópoles humanas, dois aglomeramentos com indefinidas possibilidades de expansão: Rio e São Paulo, a cidade término e a cidade hinterlândica; a cidade-porto e a cidade-entreposto, núcleo de convergência dum conjunto de zonas produtoras. Possui, pois, o vale um alto valor estratégico do ponto de vista comercial: o de celeiro colocado entre dois apetites recrescentes. Sua função será, cada vez mais, satisfazer esses apetites: abastecer esses dois grandes mercados.

O mar fecha dum lado o mercado do Rio, e a faixa montanhosa a leste de São Paulo fecha São Paulo desse lado. Rio e São Paulo estão, pois, naturalmente, subordinados ao Vale do Paraíba, que é suficientemente amplo para abastecê-los dessas coisas eternas, iterativamente reclamadas pelo estômago humano: o leite, o cereal, a carne, o legume, o ovo.

Mas tudo no Brasil ainda está em retardado *fieri*. Apesar de todas as suas vantagens naturais e estratégicas, o Vale do Paraíba só agora começa a erguer-se e a demonstrar o seu imenso valor econômico. A princípio passou por lá o Café, montado na Onda Verde, acampando nas terras mais altas dos contrafortes. As do vale, baixas, de formação argilosa e inundáveis, pouco valiam. Sua avaliação nos inventários era mínima – praticamente zero.

Mas o Café passou, na sua marcha atilesca rumo ao roxoterra oestino; como lembrança deixou casarões apalaçados nas cidades e a samambaia e o sapezal na morraria. E o Vale do Paraíba foi caindo na maior desolação. Um dia apareceu um homem dotado dessa coisa tão rara que se chama "olhos para ver" – porque a maioria dos homens só possui olhos para enfeitar a cara. Carlos Botelho iniciou no vale uma cultura experimental de arroz. Provou assim, com fatos, que as terras baixas, sempre tidas como inúteis, prestavam-se maravilhosamente à cultura desse grão. E o Arroz, substituto do Café desertor, deu início à obra do reerguimento econômico do Vale do Paraíba.

Invertem-se as avaliações nos inventários: a terra valiosa passa a ser a da várzea, justamente a que anos antes não tinha valor nenhum.

Mas nunca o Vale do Paraíba foi olhado como "um sistema", nem estudado na sua verdadeira significação. Como tudo no Brasil, teve um desenvolvimento ao deus-dará, sem plano preestabelecido, sem antevisão do futuro – ou sem "condicionamento", como se diz hoje. Pequenas cidades, filhas do Café e do rio, cogumelaram-lhe à margem, vivotando do fornecimento às fazendas e do peixe que o Paraíba produz. Um rosário de cidadezinhas humildes, piracuaras, desenvolvimentos naturais dos antigos pousos de tropeiros – os pontos de descanso e dormida das tropas que antes da Central faziam o tráfego entre São Paulo e Rio. Em muitas delas ainda há a "rua da Palha", assinalando o local dos ranchos de tropeiros, sempre com muita palha de milho espalhada pelo chão.

Cresceram essas cidadezinhas ao influxo do tráfego. Caíram depois em profunda decadência quando o Café se bandeou para as zonas do rubídio. O Arroz fê-las rebrotar; outras se foram virando pequenos centros industriais. Taubaté avultou e já pensa em cognominar-se a Manchester do Vale. Pinda, a decaída Princesa do Norte, também entressonha um principado industrial. Guará planeja a hegemonia do noroeste. Todas renascem e sonham.

A estrada de ferro e o Café transformaram-nas de pousos de tropa em aglomerações urbanas de vulto. A estrada de rodagem com que Washington Luís as ligou deu-lhes nova injeção de vida, como o fomento das pequenas culturas marginais. Porque o problema do Vale do Paraíba é o mesmo do país inteiro – transporte.

Esse problema teve começo de solução com as duas estradas, a de ferro e a de rodagem. Mas ambas são ainda apenas "marcações" – nada têm de definitivo. Hão de completar-se com o que lhes falta: eficiência. A Central tem de ser realmente uma estrada de ferro no sentido norte-americano da palavra; e a estrada washingtoniana tem de passar do que é – simples leito de terra – a uma superfície perfeitamente pavimentada a asfalto ou cimento. E tem mais que se articular com uma rede de estradas auxiliares que sejam para ela o que os afluentes são para os rios.

Esse trabalho contribuirá imensamente para que o valor do Vale do Paraíba redobre. A Natureza o dotou com o que pôde; só lhe falta a dotação humana.

Há, por exemplo, a obra indispensável da retificação do rio, o que virá acrescer de muito a reserva de terras aproveitáveis. E há o condicionamento de suas águas, para o jogo regular da irrigação – da preciosa irrigação que estabiliza as culturas eliminando a insegurança do "depender do tempo". E há cem coisas ainda, locais, especiais, determináveis pelas contingências e dependentes da capacidade de organização do homem do vale e do governo. A era do comércio às cegas, do produtor que produz sem pensar na venda dos produtos, sem organizar essa venda, sem o estudo dos mercados, já passou. O lavrador moderno é, e cada vez mais, um termo de equação.

O Vale do Paraíba possui em grau dos mais elevados tudo quanto gera a prosperidade de uma zona: clima dos melhores, ausência de endemias, terras aráveis, abundantíssima água para irrigação, sistema de transporte precário mas já criado, população civilizada e capaz de iniciativas, culturas aclimadas e comprovadas – e ainda a sua situação estratégica entre os dois maiores centros consumidores do Brasil. Com todos estes elementos naturais e sociais, a sua transformação num Languedoc, num vale do Nilo, numa Califórnia, não é sonho de fumador de ópio – sim de quem faz uso da lógica das coisas e da lógica humana.

O que a Natureza podia fazer pelo Vale do Paraíba já fez e está fazendo; para aterrá-lo já demoliu grande parte da Mantiqueira; já acamou as argilas favoráveis ao biologismo do arroz; já povoou as águas do rio com abundantes variedades de peixes. Resta que o homem "condicione" o que falta, porque o que falta já não depende da Natureza, sim, e só, do homem. E não do homem que moureja em contato com a terra, o produtor, sim do que administra o Estado, faz leis, concebe planos de conjunto, prevê desenvolvimentos futuros.

O que o Vale do Paraíba pede é a intervenção construtiva do Estado para a obra, que só ele pode empreender, de coordenar, ligar, entrosar – isto é, suprimir a fricção.

Suprimir a fricção; essa fricção que numa estrada de ferro tem o nome de mau serviço; que na estrada de rodagem tem o nome de lama ou areia solta; que nas operações da distribuição comercial tem o nome de incoordenação. Esses vários aspectos da fricção é que fazem que o trabalho humano dê pequena porcentagem de rendimento útil. O atrito o absorve em grande parte. Progredir, pois, é aumentar o rendimento do trabalho útil pela supressão do atrito.

O governo de São Paulo acaba de voltar as vistas para o Vale do Paraíba. Voltou-as apenas. Ainda não teve tempo de demorar nele os olhos. Quando o fizer, espantar-se-á de como deixou por tanto tempo entregue a si mesmo – entregue ao desenvolvimento hazardoso e incoordenado – um imenso trecho de terra dos mais favorecidos do mundo, e como tal suscetível de exercer um papel notável no desenvolvimento do país. E quando bem se capacitar disso, ah, então sentirá por ele o mesmo entusiasmo que notamos, sobretudo, na gente de Taubaté, sempre tão empenhada em fazer da terra de Arzão a Capital do Vale do Paraíba – a sua Manchester.

Um diamante só se transforma em brilhante depois de lapidado. O Vale do Paraíba só pede lapidação.

O rei do Congo[*]

A transferência do rei Leopoldo II da Bélgica, de seu reino europeu para os luxuosos aposentos que obteve no céu graças aos favores dispensados à agência terrestre que dele dispõe, vem desfalcar o precioso corpo de colaboradores coroados das revistas de caricatura. Como se regalavam elas com os escândalos galantes da realeza!

(Moro em Areias, mas sou assinante do *Le Rire*. Lido com os tabeliães, com o juiz de direito, com a saúva do quintal, com presos da cadeia, e para contraste acompanho as frascarices do rei Leopoldo na Europa.)

No último número do *Le Rire* vêm uns desenhos de Hellé sobre Sua Majestade. Certo jornalista vai a Bruxelas entrevistar Leopoldo, e na rua indaga dum policial sobre o seu paradeiro. O policial aponta com o beiço um elegante e belamente barbado velho que singra com o maior serelepismo atrás duma salerosa dama.

– "O rei Leopoldo? É aquele lá que abordou aquela espanhola."

O jornalista voa na direção indicada. Só encontrou a dama.

---

* *Este texto não consta da 1ª edição de 1919, foi incluído por Monteiro Lobato na edição de 1946. Nota desta edição.*

– "O rei Leopoldo? *Caramba!* Lá está ele. Acaba de me deixar por aquela italiana."

Aproa o jornalista na nova direção, mas chega tarde.

– "Leopoldo? *Mio caro...* já lá vai de braço com uma francesa."

O jornalista enxuga o suor da testa e estuga os passos.

– "Pois havia de durar? Lá vai ele. Deixou-me por aquela inglesa que leva ao braço."

Desanimado, quase a desistir, o jornalista reúne as últimas forças e arrasta-se rumo à inatingível Majestade.

– "Leopoldo? *Aoh... il avait plaqué môa por cette trottin...*"

E o jornalista teve de renunciar à empresa. *Le roi marchait trop vite...*

(Estou na preguiçosa da sala da frente. Pela janela vejo o Largo da Matriz e a casa do Bigêo tabelião. Quem será aquele cavaleiro que lá lhe parou à porta e está apeando?)

Le roi marchait trop vite – e nessa postura penetra Leopoldo II no sarcófago da história: triplicemente rei – dos belgas, por contingência de nascimento; do Congo, por interesses comerciais; e dos *vieux marcheurs*, por vocação.

O trazer na cabeça a coroa belga foi-lhe a grande maçada da vida. De forma nenhuma lhe ia com os instintos aquele cíngulo peador ao qual devia todos os embaraços opostos ao seu desembaraço de maneiras. Se ressuscitasse, é de crer que a não repusesse na cabeça; agarraria unicamente as duas restantes – e sobretudo a que recebeu dos *boulevards* de Paris. Essa coroa foi durante sua vida uma permanente causa de derrogações do real protocolo da monarquia belga.

Certa vez voou a Paris em rápida visita a Napoleão III, mas em Paris se deixou ficar todo um mês, com grande escândalo dos dois governos: o belga, que lá ficou ao laré, e o francês, que jamais contara com tamanha infração da etiqueta.

O desmesurado da estrutura de Leopoldo II e sua barba branca tão típica popularizaram-no em Paris, onde se plantava sempre que as tribulações do governo em Bruxelas lho permitiam.

Também era assíduo nas estações de banho. Conta a propósito um jornaleco parisiense que o Conde de Lonyay, seu genro, fora chamado aos tribunais por um *chauffeur* despedido; misérias domésticas, coisa de ordenado não pago integralmente, de automóvel retido e mais histórias. O velho rei lamenta-se: "Uma vezinha que venho a Paris e cá me saem estes meus filhos com encrencas que me perturbam a pândega" – e por um momento, um momentozinho apenas, Leopoldo pensou em voltar para Bruxelas, conclui o cronista. Em vez disso, porém, rumou para Trouville – "a sua verdadeira pátria".

(Acabam de bater na porta. É aquele negro velho lá do Ribeirão Vermelho que vem com uma cestinha de grumixamas. Gosto de grumixamas. Compro-lhe a cestinha inteira – 200 réis. E continuo com o meu rei da Bélgica e do Congo, uma agradável mistura.)

As aventuras de Leopoldo II com a dançarina Cleo de Merode celebrizaram-se. (Cleo de Merode é uma das criaturas mais conhecidas no Brasil. Essa moda ingênua dos "postais" ilustrados, que não há menina ou moça boba que não "colecione" – "Já viu a minha coleção de postais?"), pôs Cleo de Merode na berlinda. Haverá pelo país afora milhares – milhares, sim – de cartões com a fotografia da Cleo, com o seu cabelo em bandós cobrindo a orelha – e é considerada a mais bonita da "coleção de belezas", mais ainda que a Bela Otero.)

Era uma das consoladoras do rei belga. Nada mais comum do que serem encontrados em passeios a pé, como um casal de burgueses – casal aliás de dar na vista, tal a desproporção de idade e de físico: ele, um homem tão alto e todo barbas brancas; ela, bem moça ainda e do tamanho das francesas.

A troça crismou-o de Cleopoldo.

Suas viagens, ou escapadas, eram sempre feitas sob a defesa do "incógnito" – mas nada mais berrante que o incógnito dum rei daquela altura, com barbas tão características. Certa vez, enlevado pelos encantos da dançarina com quem tomara um trem, esqueceu-se de comprar passagens. O condutor era um tonto; não reconheceu o real incógnito, coisa tão fácil, e botou Leopoldo na contingência de pagar os bilhetes com multa ou denunciar-se.

Não sei o fim do caso. É possível que se denunciasse – tão grande sempre foi o aferramento de Leopoldo pelo dinheiro, quando não era mão feminina que lho tirava.

Com relação a sua somitiquice abundam casos e anedotas. Leopoldo II inaugurou na corte belga um gênero inédito de opereta, que durou o seu reinado todo – opereta real, com atores de sangue azul, como a princesa Estefânia e a princesa Luiza, e também atores de sangue vermelho, como a Baronesa de Vaughan, filha do porteiro Lacroix. Leopoldo vendeu em leilão as jóias da rainha Henriqueta, falecida em 1902; um bracelete ornado com a efígie do arquiduque palatino, colares e diademas ofertados por subscrições públicas, lembranças piedosas e até um lote de velhas plumas.

Inutilmente procurou a corte impedir a feia ação. "Sabemos", redargüiu o rei, "que nas altas-rodas a venda destas jóias de família causou viva emoção. Procuraram-se os meios de obstá-la, mas a tempo foi reconhecida a impossibilidade de qualquer intervenção, direta ou indireta."

O que a estranhos causava "viva emoção", a Leopoldo não causava coisa nenhuma. É que à lembrança da esposa morta já se sobrepusera a realidade da baronesa – e no coração de Leopoldo não se abrigavam dois sentimentos duma vez.

(Incrível a mexericagem humana! Eu aqui neste fim de mundo, que é Areias, e a saber mais coisas do rei do Congo do que inúmeros belgas! É que cultivo certas manias. Também pretendo cultivar umas couves no quintal – mas a saúva, ah, a saúva de Areias! As saúvas aqui são piores que os hunos de Átila. Estão deixando este município reduzido a um "rapador".)

É no castelo de Lormoy que, atormentado por um cafuné da Vaughan e vendo no parque um gendarme impelir vagarosamente o carrinho do real pimpolho (que por um triz não virou o Duque de Ternevan), Leopoldo, Po-poldo, Cleopoldo, calcula quanto renderá o diadema de brilhantes oferecido à defunta rainha pela cidade de Bruxelas, e planeja o emprego do produto em proveito da sua Carolina. Cafunés daqueles pagam-se.

Carolina nasceu com instintos de Pompadour, mas era má pagadora. Um tal Gorregés, cozinheiro, dá queixa ao tribunal contra "a *demoiselle* Carolina Lacroix, moradora no castelo de Lormoy, ao pé de Montlhery, e que se faz chamar Baronesa de Vaughan". Era o caso duns dinheiros fornecidos por empréstimo à favorita e que ela fugia de restituir. Alegava o cozinheiro ter-se deixado iludir pela sonoridade da baronia – e reclamava para a caloteira uma pena exemplar.

Já não se pode ser Pompadour neste século envenenado de democracismo. Aqueles infames direitos do homem, pregados pela Revolução Francesa, contrastam singularmente com o direito das favoritas – mesmo quando o homem é cozinheiro e o amante, rei da Bélgica.

No castelo de Lormoy, enfeitado pela castelã, Leopoldo esquecia-se de si e de seu reino. Respeitosamente vinham os ministros espertar a Majestade, a qual, muito a contragosto, de mau humor, deixava o castelo, a castelã e as duas vergonteazinhas da sua velhice para lá ir aborrecer-se na secante Bruxelas, em cujo Bois de la Cambre mostrava-se de carruagem, melancolicamente saudoso.

Leopoldo era um forreta, exceto em se tratando de amores; não deixou fama de mãos abertas nem no recompensar servicinhos particulares.

Aos gendarmes que em Lormoy lhe puxavam o carrinho do bebê galardoou com relógios... imitação de ouro. Em compensação condecorou-os com a medalha do Mérito Militar da Bélgica. Estas e outras generosidades do mesmo tom resgatamno dos muitos pecados com que se foi para o céu...

(Grumixamas... Se entre nós as cultivassem a sério, se um Burbank tomasse à sua conta a frutinha silvestre, que esplêndida cereja não poderia dar!

Não temos cerejas no Brasil por puro relaxamento. Vi na casa do João Rosa, em Taubaté, uma cerejeira que sempre deu boas cargas em outubro – dizem que boas, bem doces – nunca provei nenhuma. Mas a grumixama é a nossa cereja nacional. Quantas nesta cestinha? Mais de cem. Mas muito caras. O rei Leopoldo não daria por elas mais que um tostão.)

A sua vida de libertino lhe valeu o rompimento com a corte inglesa. Fora a princípio um dos conselheiros da rainha Vitória, e ia a Londres tão repetidamente como depois passou a ir a Paris. Um belo dia, porém, William Stead, esse mesmo que em Haia assinalou Rui Barbosa à admiração e respeito do mundo, denunciou a vida escandalosa de Leopoldo em Londres. Logo depois o caso Jeffries (proxenetismo de amores aristocráticos) provou o argüido – e a rainha Vitória, tão pudica, indignadamente verificou que o que atraía Leopoldo II a Londres não era ela e sim os régios rega-bofes proporcionados pela tal Miss Jeffries.

Ficaram estremecidas as cortes de Saint James e Bruxelas; a rainha rompeu com o seu real conselheiro e Eduardo VII mais tarde manteve o rompimento.

É possível que as razões do repúdio de Leopoldo não fossem as mesmas na mãe e no filho, porque este, quando Príncipe de Gales, levou em Paris uma vida invejadíssima, merecedora de figurar ao lado da do rei dos belgas num livro com o nome de "Como se divertem os reais estróinas".

Feição curiosa de Leopoldo II foi a sua notável habilidade comercial. Com grande manha apropriou-se do Congo, não para a Bélgica, mas para si, e à força de chibata extorquiu muitos milhões do lombo da negralhada. Aquela sua realeza do Congo sabia-lhe a rosas, apesar do incessante ladrido da imprensa inglesa, que aos modos não concebe exploração de africanos por outras unhas que não as que arrancaram as terras do presidente Kruger no sul da África. Os súditos africanos do rei Leopoldo eram mais facilmente guiados a rabo de hipopótamo do que os seus colegas da Bélgica pelo complicado aparelho governativo constitucional. E os milhões de francos que do Congo Leopoldo auferia – negros, negríssimos na opinião suspeita do *Pall Mall* e do *Times* – apresentavam-se para ele, e para a Carolina, tão amarelos e bem soantes como os da lista civil.

Quem folheia um repositório qualquer da caricatura européia esbarra amiúde com as grandes barbas brancas de Leopoldo II, sempre metido numa verdura frascaria ou numa aventura comercial congolesa. Foram os dois pontos de sua vida que a sátira internacional mordeu mais a fundo.

Aqui tenho o *Fischietto* de Turim; o desenho mostra Leopoldo em consulta a um médico sobre certa doença do estômago.

– "Peso no estômago, Sire? São talvez os milhões do Congo."

Leopoldo ri-se.

– "Oh, esses não me fazem mal. Digiro-os maravilhosamente bem."

Outro jornal, também italiano, o *Pasquino*, caricatura-o doente dos pés, a escaldá-los numa tina.

– "Pobre de mim!" – suspira Leopoldo. – "Terei de renunciar à minha gloriosa carreira de *vieux marcheur?*"

Estas duas piadas são típicas. Satiriza uma a tremenda patifaria do Congo Belga; e a segunda, a "largueza de carne" do rei, como diria o padre Lucena.

Hoje está Leopoldo no céu, incorporado à plêiade dos reais tunantes. Francisco I é de supor fosse o escolhido para recebê-lo – e estou aqui a ver o homem do *"Femme souvent varie..."* a dar palmadinhas no ombro do recipiendário.

– "Maroto! O que não se regalou lá na terra..."

E Leopoldo, o incorrigível, já saudoso das conquistas galantes, crava o monóculo no olho e relanceia em redor um olhar esquadrinhador.

– "E por aqui, meu Chico – que há? Resta alguma das Onze Mil?"

Se resta, que se precate, porque Leopoldo se foi desta vida cansado – saciado é que não.

(Burbank foi o maior mago da botânica. Criou os melões Cantaloup e Honeydew, tão bons. Criou a uva e a ameixa sem sementes, o cacto sem espinhos, a ervilha americana própria para o *petit-pois* em lata. Que não faria ele desta deliciosa grumixama do Ribeirão Vermelho?)

Mas o rei dos belgas e do Congo...

O radiomotor[*]

Vaticinar em nossos dias é menos função de cabeludos vates à Múcio Teixeira do que dos cultores da ciência positiva. Em vez de estudar o fígado dum galo negro ou os vôos duma coruja, o profeta recorre à tábua de logaritmos. Não é mais

> Pelo cabo da vassoura
> Pela corda da polé,
> Pela víbora que vê
> Pela Sura e pela Toura,
>
> Pela vara de condão,
> Pelo pano da peneira,
> Pela velha feiticeira,
> Do finado pela mão,
>
> Pelo bode rei da festa...

e por tantos outros telescópios de famigeradas virtudes e freqüentíssimo uso entre nossos antepassados, que se espia o futuro, senão por uma lunetazinha chamada Lógica Indutiva. Vaticinar, em suma, não é mais coisa de vates epiléticos em transe; é predeterminar.

Não se vaticina a solução dum problema algébrico; deduzimo-lo, e sob muitas luzes o futuro da humanidade é "quase" um problema de álgebra. Dada a lei da causalidade, e a série de efeitos atuais que por sua vez serão as causas dos efeitos futuros, prever é determinar a resultante desta conjugação de forças.

* Este texto não consta da 1ª edição de 1919, foi incluído por Monteiro Lobato na edição de 1946. Nota desta edição.

Mas para baralhar esta simplicidade de raciocínio há o "quase"; há a interferência de fatores inexistentes hoje, imprevisíveis, portanto, mas de fatal e periódico advento no decurso da história. Tais fatores saem sobretudo do laboratório, dessas silenciosas luras onde se alapam por anos sem conta, às vezes pela vida inteira, os ursos humanos, os estranhos seres de barba recrescida, óculos fortes e olhar vago, vulgarmente ditos os "sábios".

De quando em vez um deles emerge à luz do mundo acenando com um tubo de vidro onde há uma pitada duma substância nova, desconhecida.

Parece nada aquilo, mas pode ser o germe de formidandas revoluções sociais, desviadoras do curso do velho rio humano – o Amazonas que corre do "?" inicial ao inquietante "x" do término – se o há.

Quando o casal Curie isolou a primeira partícula de rádio, sem que eles o pressentissem tracejaram-se para as ciências naturais veredas inteiramente novas, e a agulha da bússola norteadora dos destinos humanos oscilou às tontas, como se um cataclismo incompreensível houvesse destruído os pólos magnéticos.

Ainda não nos é dado prever até que limites a descoberta do rádio influirá nos destinos humanos – mas que trará transformações radicais para a vida do mundo, intensas e extensíssimas como nunca as houve semelhantes, é ponto que nem o mais caturra dos céticos se anima a pôr em dúvida.

Já os sábios delineiam em linhas gerais o gigantesco edifício futuro que incumbe à ciência moderna erguer sobre as ruínas do pardieiro velho. E assistimos ao curiosíssimo fenômeno da morte de um dogma científico – caso nada vulgar.

O século passado foi cruelmente dogmicida. Audaciosas algaras houve, de sábios e filósofos, contra os domínios hierárquicos de venerandos axiomas sacratíssimos. Nenhum resistiu incólume à correria; pela mor parte desabaram com fragor. Vimos Renan, só à sua conta, trespassar uns tantos com as suas setas triplicemente eivadas de rigor científico, suave poesia e nobre aticismo. Vimos Strauss, Nietzsche, Büchner, Darwin, Haeckel, Berthelot aporfiados em arcabuzar quantos lhes passavam ao alcance das armas temperadas na forja do método positivo.

Mas semelhante razia só colhia os dogmas religiosos, filosóficos, morais, sociais; os da matemática e da física desafiavam os heréticos: pareciam de bronze.

E fomos nos acostumando à idéia da fragilidade dos dogmas religiosos e morais, e da inexpugnabilidade dos dogmas da ciência.

Súbito, senão quando, descobre-se no mais pimpão de todos – o da indestrutibilidade da matéria – um calcanhar tão vulnerável como o de Aquiles. Sem tardança os Curie, Le Bon, Thompson e outros lhe desferem uma chuva de pelouros mortíferos, que o deitam por terra, tonto, talvez morto duma vez, como se fosse um reles dogma religioso...

Triste contingência das verdades humanas. Não escapam à caduquice e à morte!

Já alguma coisa a experimentação e a generalização científica arrancaram dos novos princípios; mas isso é nada diante da extrema amplitude do campo aberto.

Todo o porvir humano se concentra e se incuba nesse campo, já que um íntimo liame existe entre a marcha da civilização e a energia mecânica utilizada pelo homem. Que é que os novos princípios deixam entrever senão o solucionamento, talvez definitivo, do magno problema da força?

A Antiguidade teve o músculo, a miseranda força arrancada a chicote do braço escravo. Baseando nele a grandeza do império, Roma talou o mundo para na urbe orgulhosa acumular a força de músculos necessária ao giro de sua vida econômica.

Denis Papin dotou a humanidade com o vapor, e assim deu carta de alforria à carne servil. Do vapor saiu tudo quanto temos hoje. A supressão das distâncias, o rápido devassar dos mares, as usinas imensas de onde saem todas as maravilhas da indústria, a própria eletricidade e o mais que ensoberbece a nossa era – tudo, direta ou indiretamente, veio do vapor d'água.

A idade contemporânea é filha do vapor, como a idade subseqüente o será da força radioativa. Futuro e radioatividade são termos que se misturam.

Que coisa é essa força futura? Para bem a compreendermos faz-se mister um volver d'olhos sobre o maior passo que jamais deu a ciência humana.

Havia o dualismo irredutível de força e matéria. Desde que o homem começou a filosofar esse princípio impôs-se. Da orgia dos sistemas metafísicos saiu incólume, como saiu incólume do cadinho das filosofias físicas. Mas no tubozinho de vidro que madame Curie mostrou ao mundo vinha uma sentença de morte.

Era a do velho dualismo da física. O outro, o da alma e do corpo, já anda de pedra tumular em cima, com epitáfios. Trabalhos posteriores à descoberta do rádio vieram provar que Força e Matéria não são coisas distintas, senão uma e a mesma. Força é matéria em transe de esvaimento. Matéria é força condensada. Em vez de indestrutível, a matéria é destrutível; destrói-se em força, em emissão de força.

Abalado o dogma de Lavoisier!... Tudo se perde. Abalado o dogma de Robert Meyer... A energia também se perde. A lei da evolução aplicada às espécies vivas rege a força e a matéria. As espécies químicas, os corpos simples, nascem, crescem e morrem, como as plantas e os animais. Governa a vida do sódio, do oxigênio, do hidrogênio a mesma lei que governa a vida dos cães e das couves.

Todas as forças conhecidas saem do lento esvair da matéria – a luz solar, o calor, a eletricidade, os sons, os elétrons, os raios catódicos, os raios X, os raios N, os raios Alfa, os raios Beta, e inúmeras outras formas de emanação ainda mal conhecidas. O interminável morrer da Matéria é o perpétuo nascer da Força. Força é o estado instável, dinâmico, da coisa chamada por Le Bon "energia intra-atômica". Matéria é o estado estável dessa energia – estático – sólido, em suma.

O fenômeno da dissociação da matéria, observado pela primeira vez no rádio e depois em todos os outros corpos sem exceção, equivale a um desenvolvimento de força mecânica de tal vulto que atordoa o pensamento e enlouquece a imaginação.

Curiosos cálculos demonstram que um grama de cobre, se se desmaterializasse no decurso de um segundo, produziria força equivalente a 6.800.000.000 de cavalos-vapor, dada a velocidade de 100.000 quilômetros por segundo que animaria as partículas imateriais emitidas...

Esta força é suficiente para arrastar, à volta da Terra, quatro vezes e meia um comboio de mercadorias arcando 500 toneladas. E como para realizar semelhante viagem pelos meios atuais se torna necessário o emprego de 2.830 toneladas de carvão, cujo preço aqui entre nós regula 30 mil-réis cada uma, temos que a experiência ficaria em 84.900 contos de réis. Quer dizer que o valor mercantil da força intra-atômica condensada num grama de cobre é igual à fortuna acima...

Deste simples exemplo se vê que futuro imenso está reservado aos atuais estudos científicos em suas aplicações industriais, quando for descoberto o meio prático de aumentar a rapidez dissociativa da matéria e utilizar a força mecânica produzida.

Quando for descoberto...

Rir-se-ão os céticos impenitentes, esquecidos de que este predeterminar coisas futuras é uma prerrogativa da ciência moderna. Muitos anos antes de descoberto o planeta Netuno já Leverrier lhe marcara a posição no céu, emprazando o aperfeiçoamento do telescópio a vir comprová-la. O previsto aconteceu. Telescópios de maior alcance vieram, anos depois, atestar o rigor da profecia – a beleza nunca igualada dos cálculos daquele astrônomo. Não se riu em último lugar quem se riu de Leverrier.

Assim será com o radiomotor. Virá a seu tempo como o messias da mecânica, como a chave de todos os problemas econômicos formulados pelo humano evolver.

Virá assinalar o início da Idade de Ouro. Virá solver a eterna questão da força barata e ao alcance de todas as criaturas humanas, como é hoje o uso do ar, da água e do fogo.

O pauperismo, a longa miséria das classes operárias e rurais – escolhos em que têm naufragado todos os esforços de solução empreendidos pelas religiões e pelas filosofias, terão na força intra-atômica o tão longamente esperado redutor. O que não fizeram vinte séculos de cristianismo, nem outros tantos de filosofismo, está reservado ao que começou a incubar-se nas tachadas de pechblenda ao fogo da pobre madame Curie...[1]

---

[1] *A profecia de Lobato, feita neste artigo publicado em 1910 no* A Tribuna, *de Santos, começa a concretizar-se. Dum jornal de ontem – 16-11-1945 – extraímos o seguinte telegrama: "LONDRES – (U.P.) – Um automóvel movido pela energia atômica foi o assunto do dia nesta capital. Segundo o* Daily Sketch, *circulou ontem em Londres, a título de experiência, um automóvel cuja propulsão está baseada na energia atômica. O aparelho foi dirigido pelo próprio inventor e levava como passageiros dois deputados trabalhistas. Afirma-se que o "equipamento atômico" está contido numa caixa redonda de apenas oito centímetros de diâmetro, instalada dentro do carro". Nota da edição de 1946.*

Hermismo[*]

Era um lagamar de águas mansas, cujo espelho de longe em longe um calhau rompia, circulando-o de ondulas concêntricas, e cuja limpidez raramente se turvava ao rabear dalguma serpente adormecida no fundo. Breve, à medida que morriam na praia as ondas pequeninas, recompunha-se a lisura da superfície; e restaurava a linfa a sua primitiva limpidez com o acamamento do lodo rebolcado. Um dia, porém, rompem-se as barragens e a água se precipita para as lezírias circunjacentes, inundando-as.

Entremostra-se então, onde fora lagoa, um leito verde-negro, ganglionado de restingas e nateiros de lama fétida, atravancado de pedrouços limosos, cascalheira de aluvião, madeirame roído de carcoma, ossaturas semidesfeitas, carcaças tábidas ainda vestidas de molambos nauseabundos. E esfervilha ali toda uma fauna insuspeitada: a fauna da vasa.

É a mariscalha lambareira sempre à lambujem das carniças; são batráquios verdes, de pele grumosa, que estilam leites peganhentos; são anélidos raboleantes, com as ventosas a postos, farejando no ar o sangue das vítimas. Das luras espiam caranguejos de rija carapaça, pensativos, como remoendo planos para surpreender a presa. As madrigueiras postas a nu deixam ver seus mal achavascados habitadores, crustáceos absurdos e toda casta de caricatura, de tentativas teratológicas, de pilhérias

---

* Este texto não consta da 1ª edição de 1919, foi incluído por Monteiro Lobato na edição de 1946. Nota desta edição.

animalescas, de seres sarrafaçados às três pancadas em momentos de mau humor da natureza.

Embaixo, invisível, enxameia a legião inumerável dos infusórios, dos vibriões e protozoários – ralé vil à qual foi recusada a honra de um reino definido.

E não é só. Dos arredores acode a miuçalha predatória de terra e ar. Chusmas de carábicos carniceiros e zumbidores, gentinha má cujos instintos e gostos mentem às cores brilhantes dos élitros. Feios crabos, sonsos, cautelosos, de olho no cevo, que avançam afiando a serrilha das mandíbulas bífidas.

Não se isenta de concorrer ao festim o reino vegetal. Logo pulula, rebentos duma noite, a flora dos cogumelos – lesmas vegetais que ao invés de devorarem o estrabo dele ressurtem gordas e felizes.

O ar se peja de emanações peçonhentas; as brisas passageiras levam para longe o contagião nas asas. E a lagoa de há pouco, em cujo espelho se estampava o azul do céu e à noite tremeluzia o reflexo das estrelas, está agora uma chafurda onde se aglomeram todas as misérias e cochilos de Mãe Natura.

Crises sociais há que relembram o quadro das lagoas extravasadas. A sociedade esconde em seu seio uma infinidade de aleijões e taras, de seres instáveis, malformados, de quase-homens, de não-homens, de semi-homens, de contra-homens, de pseudo-homens. Nas épocas normais tais seres como que hibernam ao modo das enguias atascadas na vasa – mas sempre de olho numa aura propícia ao seu despertar.

A ordem social, o império da justiça, a soberania do direito funcionam como a água da lagoa: comprimem com o formidável peso de sua massa a fauna perigosa, mantendo-a em açamo no fundo escuro dos porões. Estremeça a ordem, afrouxe a justiça os seus laços, exile-se o direito – e a mariscalha social, livre dos açamos sobe à tona e tripudia, faminta de dominação. Invasão de hunos em terra disciplinada pela mão de Roma.

A primeira região invadida é a imprensa. Quanto sarrafaçador de literatura alcaiota vivia mascando o bridão peador, acode a esvurmar a peçonha refece – pois que há quem lha pague. E que eméritos se revelam no tecer invencionices, no entressachar visos de veracidade na trama de mentiras engenhosas, no bordar no rengalho da verdade capciosos lavores da mais fina e astuta calúnia!

Não conhecem mestres na arte de torcer um fato, aleijá-lo, desarticulá-lo, e com a carduça resultante tecer um novo ao jeito da causa que propugnam. Tresande em qualquer parte uma veniaga e em chusma, como varejeiras, para lá revoam, de boca babosa para as gorjetas gordas. Numa tertúlia de políticos alguém proponha o atassalhamento duma reputação: de relance brotam da terra vinte mastins prontos para a empreitada.

Há nesse modo de agir muito do Marquês de Sade; dá-lhes gosto a vitória do malsão sobre o sadio, e muitas vezes mordem menos pela peita do que pelo satânico prazer de praticar o mal pelo mal.

Está entremeada destas crises a história da imprensa, não só a nossa como a do mundo inteiro. O que se babujou na França em redor da Questão Dreyfus... Basta a ruptura duma barragem na ordem social para que a imprensa se recame de cogumelos venenosos.

O restaurar da normalidade é um *vade retro* dado de chapa no focinho da cainçalha, a qual reflui para a hibernação nas alfurjas ou recolhe as unhas, como o gato, para a próxima sortida. Este restaurar da normalidade lembra a luz subitamente acesa num salão de baile às escuras: acende-se a luz e apaga-se toda a frascarice que o escuro desrecalcou.

Atravessamos hoje um desses períodos temulentos – e dos mais férteis. Longo foi o interregno de calmaria e ordem; uma erupção violenta era de esperar. A vasa recalcada adquire a força dos gases comprimidos. E aí está ela, saniosa, traiçoeira, derramando-se em caudais aqui, em filetes adiante, protéica, onipresente.

Como borbulha copiosa no Rio! Como rabeia alegre pelo interior!

Mas é vitória passageira. É vitória da vasa. Vitória dum momentâneo escuro e do ar momentaneamente confinado. Venha a luz e some-se o morcego. A luz é bactericida. Venha o ar livre e desaparecem os mofos. O ar livre é desinfetante.

E a luz e o ar livre fizeram-se entre nós homem e o homem se fez apóstolo. Rui existe e Rui é a vitória da decência sobre a indecência.[1]

---

[1] *Este artigo, publicado no A Tribuna, de Santos, em 1910, ao tempo da luta entre Hermes e Rui Barbosa, mostra o ardor civilista de Monteiro Lobato e o seu estilo artificioso, evidentemente influenciado pela leitura dos discursos políticos de Rui Barbosa. Os artigos de Monteiro Lobato no A Tribuna eram pagos a 10 mil-réis cada um, como ele o conta numa das cartas a Godofredo Rangel. Nota da edição de 1946.*

Um novo *frisson**

"[...] e apareceu em Nova York um neto de Barnum com a cabeça mais cheia de assombrosas concepções do que o seu avô. Bateu de vez o recorde da originalidade – e teve garantido pelos pósteros um superlativo apenso ao nome – Ton Gin, o Americaníssimo. Durante a guerra russo-japonesa expôs seus planos a meia dúzia de reis *yankees* que por esse tempo, fartos de ouro, saciados de sensações, bocejavam de tédio, oferecendo milhões a quem lhes descobrisse a iguaria inigualável de qualquer coisa inédita – um desejo novo, uma simples comichão ainda não sentida."

Conhecida a idéia de Ton Gin, um indescritível açodamento iluminou o rosto inerte daqueles mortos vivos; e até se conta (se isto não é peta do "Judge") que o Rei da Salsicha, de Chicago, pespegou um ruidoso beijo de gratidão na bochecha escandalizada do escanhoado Gin.

Senhor dos imensos recursos que o seu plano requeria, o neto de Barnum partiu para o Oriente com um batalhão de eficientíssimos auxiliares, e no bolso cartas de crédito para todos os bancos asiáticos. Os bons ofícios que a Casa Branca lhe proporcionou junto às cortes russa e amarela, mais a onipotência do dólar, abriram-lhe todas as portas, removeram todos os obstáculos, amordaçaram todas as dignidades cavalheirescas, aterraram todos os fossos; e, assim, em começos da primavera, com um grande

---

* Este texto não consta da 1ª edição de 1919, foi incluído por Monteiro Lobato na edição de 1946. Nota desta edição.

riso de vitória na cara vermelha, Ton Gin concluiu a construção da sua gigantesca arquibancada ambulante e anexos.

A "War Tower" era duma arquitetura extremamente utilitária, sem um friso, um enfeite sem imediata função prática, construída toda de alumínio e montada sobre um engenhosíssimo sistema de rodas, engrenagens, motores. Isso lhe permitia a localização do conjunto em qualquer ponto da Manchúria e da Coréia onde houvesse probabilidades de batalha entre os beligerantes.

Uma rede de fios telefônicos breve emaranhou os céus daquelas paragens, permitindo um maravilhoso serviço de informações. Graças a isso, a corte de agentes distribuídos por toda parte captava imediatamente qualquer decisão dos beligerantes e comunicava-a ao centro, permitindo a mudança da "War Tower" para o ponto mais conveniente. Graças a isso foi a batalha de Yung-tao prevista para tal dia e tal ponto – tudo se confirmando sem erro apreciável de tempo e local.

Acompanhava a grande arquibancada móvel um excelente cassino-hotel com todos os atrativos dos melhores hotéis-cassinos de Biarritz, Monte Carlo, Nice, Atlantic City; *bars* em profusão, salões disto e daquilo, guichês e quadros-negros para a venda de *poules* – porque ali se apostava em larguíssima escala sobre este ou aquele exército – se venceria, se recuaria, se empataria, se haveria debandada, aniquilamento ou tréguas – ou decapitação de prisioneiros.

No *hall* das comunicações era perfeito o serviço da transmissão de cartas, palavras ou impressões; uma rede telegráfico-telefônica punha os principais centros do mundo em contato com aquele *hall*, de modo que todos os acontecimentos eram divulgados à proporção que iam ocorrendo. "O 4º esquadrão de cossacos do Don avança a galope!..." "O general Oku recua..." "As baterias de Kuroki arrasam os esquadrões do coronel Orloff..." "A ala esquerda russa vacila; Kuropatkine, impaciente, torce os bigodes; espera reforço do sul..."

Americanamente infatigável, Ton Gin multiplicava-se, estava em toda parte, sempre radiante, a dar ordens, a melhorar serviços, risonho, amável. Mordia eternamente o charuto apagado.

A caixa rende-lhe. Do mundo inteiro chegam diletantes, milionários, aristocratas, herdeiros presuntivos, reis destronados, mundanas célebres, magras *misses* sadistas, todos os *gourmets* ávidos dos *frissons* inéditos prometidos pela propaganda de Ton. E quantos repórteres, desenhistas, fotógrafos...

A caixa, a caixa! Como se vai enchendo! O número de *blasés* endinheirados recresce a ponto de se exiguarem as acomodações. Ton Gin constrói novas dependências e anexos. A gente percebe ali o ambiente da pressa, da sofreguidão, mas às ocultas, porque tudo é feito de modo a não impressionar os clientes com o espetáculo penoso do trabalho do homem a cem graus de pressão.

Em vésperas da tomada de Porto Artur a "War Tower" estacionava em Kai-ping; os avisos premonitórios do desastre russo induziram Ton Gin a abalar dali a toda com o seu cassino ambulante. O espetáculo em vista – tomada duma grande fortaleza – era desses de fazer a Cleo de Merode dar gritinhos histéricos e pedir mais. Sim, porque a Cleo de Merode lá estava ao lado dum velho alto que todo mundo jurava ser o rei Leopoldo da Bélgica, incógnito. E a Bela Otero, e a Montigny, e quanta hetaira francesa de renome enche o mundo com a sua beleza "postal".

Rapidamente se fez o transporte para o melhor ponto estratégico a cavaleiro de Porto Artur, lugar adequadíssimo para a binoculação do assalto.

O perigo iminente das balas perdidas – que apesar do contrato de Gin com os beligerantes sempre existia – impôs a blindagem de certos trechos da traquitana, serviço muito facilitado pela gentileza do general Stoessel, que tudo forneceu dos seus arsenais. O general assaltante, o barão Kuroki, a instâncias de Ton Gin, também usou de amável fineza, alterando parte dos seus planos de ataque, de modo a proporcionar aos nervos tensos da "War Tower" melhor visão e maior número de sensações fortes.

O cúmulo do barnumismo de Gin, entretanto, foi conseguir que os dois chefes adversários se dessem uma entrevista secreta num recinto adequado onde, por meio dum sistema de lentes, espelhos e projeções, podiam ser vistos por todos os clientes da "War Tower" sem que de nada desconfiassem. Dias depois dessa troca de amabilidades os dois chefes trocavam obuses – e em fúria se engalfinhavam em luta de morte.

O grande ataque principiou pela madrugadinha. Centenas de canhões trovejando ao mesmo tempo foi o toque de alvorada que despertou os espectadores. Que rebuliço no cassino! O eterno ríctus de Ton Gin chegou a gelar; medo que o tumulto degenerasse em desastre. Mas tudo correu normalmente e em breve todos os mirantes-seteiras da "War Tower" apinhavam-se de criaturas impacientes com o moroso do erguer-se do dia.

Certa *miss* de Newport culpava o Barnum: devia ter previsto aquela demora do crepúsculo matutino e entrado em entendimentos com Febo.

Outros, e entre eles o espingolado pintor impressionista Lepolyèdre, ganiam de prazer ante aquele espetáculo absolutamente inédito, de um bombardeio antes da madrugada, observado dum mirante com o maior conforto e segurança possíveis.

Tudo muito escuro ainda, quase de breu. Nem luar, nem estrelas. Só na fímbria do horizonte as baterias de Kuroki piscando clarões vermelhos, e dos bastiões de Porto Artur e réplica adequada.

Mas raiou afinal o dia e a curiosa clientela de Ton pôde saciar a gula nas cerradas colunas japonesas que em marcha acelerada rolavam na direção da cidade invicta.

Na casa das apostas o movimento atingiu proporções incríveis. O Duque de Bragança sacudia no ar um cheque de 100 mil dólares; seu palpite era que a luta terminaria indecisa. Já o jovem Carnegie apostava 1 milhão em Kuroki. Quem topa? Ninguém topou; a soma amedrontava e o nipônico era o favorito.

Cleo de Merode, russófila ardente, apostou tudo em Stoessel, até beijos. Três com o conde Albertini, tuberculoso no último grau.

Um filho do rei do Hot-Dog fechou com ela uma aposta em Kuroki: 50 mil dólares contra um abraço. Cleo mordia os dedos da luva, tão nervosa, a coitadinha... O velho a seu lado, num capotão, olhava, olhava, enquanto o conde Albertini cofiava o cavanhaque com as mãos pálidas e magras, e lambia os lábios no antegozo talvez dos últimos beijos de sua vida no fim.

Lepolyèdre, muito espingolado, muito pontiagudo, esboçava um rápido croqui num álbum.

Mas o general Stoessel revelou-se um hábil *goalkeeper*, e por mais veloz e bem dirigido que se desenvolvesse o assalto de Kuroki, o dia findou sem que sequer fosse penetrada a linha dos *backs*: Porto Artur defendia-se como um leão encurralado...

Devia ser muito comprida esta história do Barnum Ton Gin, mas as tiras que encontrei na pasta do meu amigo foram estas somente.

Cartas de Paris*

Paris, 10/6/1916

Marius:

Esta primeira epístola de Asinipedes aos Coríntios vai escrita com tinta simpática a fim de iludir a censura. Basta que aí na redação de O Povo passes por cima um ferro quente para que se tornem legíveis os meus gatafunhos escritos com caldo de... não posso dizer o segredo da invenção.

Paris! Paris! Estou nessa Paris que sempre virou a cabeça de todos os brasileiros – e como não, se há aqui sessenta mil mulheres de "bem fazer a quem lhes paga" ou tapeia? Brasileiro é mico – e em parte nenhuma um homem se convence disso mais que aqui. Chegam e: "Onde é? Indique-me uma coisa boa". Louvre? Sorbonne? Centros de arte e cultura? Ah, ah, ah...

Estou em Paris! Pasmai basbaques d'além-mar, gente cheia de nós e raízes, para a qual uma ida àquela aldeia de São Paulo, ou àquela taba do Rio de Janeiro, é coisa séria, exigidora de licença da mulher e bênção do vigário. Paris... Isto aqui é que é. Cada pedaço de *trottin* pelos bulevares, à caça de marchantes, que é da gente espinotear de gozo. Como as há em Paris! Nós somos uma terra de imigração, isto é, em que entra muita

---

* Este texto não consta da 1ª edição de 1919, foi incluído por Monteiro Lobato na edição de 1946. Nota desta edição.

gente masculina de fora. Em conseqüência há mais homens do que mulheres – daí a importância, a valorização da mulher. No Acre, por exemplo, uma mulher causa revolução, determina grande consumo de balas e facadas – e como não ser assim, se há uma para vinte homens ou mais?

Aqui? Ah, os homens andam na guerra, a morrerem como formigas em tempo de geada; e os varões restantes, a velharada e os *embusqués*, absolutamente não chegam para as encomendas. Daí a importância de estrangeiros, como eu, o Medeiros e Albuquerque e outros.

O Medeiros? Sim, está aqui, com aquele moreno de pé-de-moleque, com aquela graciosa surdez, com aqueles olhos pretos – sempre vestido numa farda de coronel da Guarda Nacional, imagine! E sabe por quê? Porque o gosto de Medeiros é caçá-las – e a farda ajuda muito – é isca...

E além dessas atividades amatórias Medeiros tem outras. Está como uma espécie de comissário do governo francês, cavando a entrada do Brasil na guerra. E não entrada platônica, mas com remessa de forças.

Diz ele que se isso se der a vitória dos aliados será apressada de uma fração de segundo. Além de que, continua ele, temos generais de arromba, como o Hermes, verdadeiros gênios militares; acha que o Hermes até aos gases asfixiantes é capaz de resistir numa trincheira, dada a crosta de imbecilidade que o reveste. E temos uma esquadra de primeira ordem. Se está com as máquinas enferrujadas e não pode navegar, bem rebocada pelos rebocadores do Lage é capaz de vir até à Jutlândia – e lá ir para o fundo gloriosamente, com o pendão auriverde desfraldado e a charanga a malhar o "Vem cá mulata".

Grande homem o Medeiros! Consultei-o sobre a sua fobia pelos alemães e ele:

– O diabo do alemão não é tão feio como os jornais do Brasil o pintam. Mas estou aqui e cuido da minha vida, compreende?

Outro patrício que topei a chuchurrear um *bock* no Boulevard Haussmann foi o Graça Aranha. Está um *bijou*. Interpelei-o:

– Então, Graça, como é que você pintou com tanta simpatia os alemães em sua *Canaã*, o lindo romance, e agora quer comer-lhes os fígados? Quando foi sincero, naquele tempo ou agora?

Ele piscou velhacamente e, apontando com o beiço uma ultrapicante criatura que passava, disse:

– Eu gosto disso, e isso custa isto. E como isto só aparece para os que comem os fígados dos alemães, engoli o Lentz e o Milkau e estou uma fera pior que o Medeiros. Eu e ele somos uns pândegos.

– Mas os jornais lá embaixo tomam vocês a sério.

– Ora os jornais!...

– E o Brasil escreve o que vocês dizem.

– Ora o Brasil!...

Deixei o eminente paredro a sorrir da gente de *là-bas* – e segui para uma entrevista combinada e com a qual os leitores desta folha nada têm que ver. E lá ia andando, de olho parado, pensativo, quando... imaginem com quem topo? Olavo Bilac, nem mais, nem menos! Olavo Braz Martins dos Guimarães Bilac, o poeta das estrelas ouvidas e de tanta coisa linda que vocês aí sabem de cor. Era o terceiro "imortal" encontrado naquele dia. Minha impressão foi de estar em pleno Rio de Janeiro.

– Então, Bilac velho e cansado, por aqui também? A piscar esse olho vesgo para as *trottins* apetitosas?

Bilac riu-se e abriu-me o coração.

– Nada disso. Cá estou como num refúgio. Caí na asneira de discursar na Academia de São Paulo e lançar aos ventos umas tantas idéias velhas como o mundo. Pois não te conto nada: o macacal tomou aquilo a sério, viu em minhas palavras qualquer coisa de messiânico e meteu-se aos urros, aos hinos, aos vivas, a apoteosar-me, a entupir-me da tal retórica do patriotismo, a coisa mais engulhante que existe. Quanto asneirão, meu Deus! Quanto lugar-comum! Quanta sonoridade sem nenhum sentido! Deram-me como uma Cassandra de *pince-nez* em transe de salvamento da pátria. E por mais que eu me encolhesse, que lhes fugisse à sanha patriótica, tive de ouvir coisas do arco-da-velha e comer mais banquetes do que os suporta um estômago humano. Ora, eu sou um filho de Apolo que só se compraz na companhia das Musas, na torre de marfim de minha arte perfeita. *Inania verba* – lembra-se daquele soneto? "A última flor do

Lácio" – que lindo! "A tentação de Xenócrates!" Imagine a minha torre invadida, sacudida, vascolejada pela invasão do peru assado, do presunto, do orador em perpétua explosão de lava candente... Não agüentei. Saquei do banco as minhas reservas e voei-me para aqui a fim de mundificar-me, lavar-me, desencrostar os ouvidos e a alma de tanta gafeira. O patriotismo nacional! Que catinga de Cafraria!... Não é um sentimento construtor. É berro, é chavão, é a sonoridade mais lorpa e tola que pode haver no mundo.

– Bilac, Bilac! Como te atreves a tratar assim uma gente que te adora e pensa em te erigir estátuas nos jardins?

– Que queres? Sou um heleno transviado num infinito macacal. Lá engulo aquilo de cara alegre. Que remédio? Mas aqui, ah, aqui me desabafo – e, empertigando-se todo, atirou a uma costureirinha que passava o seu melhor sorriso.

– *Bon soir mam'zelle, voulez vous ouir des étoilles?*

E lá lhe foi no encalço, deixando-me ali de boca aberta. Esperei por algum tempo a passagem de mais algum "imortal". Falhando a tentativa, tratei de passar o resto da noite no convívio dos simples mortais.

Eis, Marius, o que é minha vida aqui. Regalo, delícias. Está Paris um oceano de mulheres. O *mâle* francês é uma hipótese. A realidade única é a francesa.

Mas como são piratas! Como são sabidas! Que arte no fingir amor! E como somos tolos, nós de *là-bas*! Acreditamos nesse fingimento e orgulhamo-nos simploriamente do nosso triunfo – da nossa capacidade de levar ao êxtase qualquer francesinha – todas as francesinhas...

Adeus.

M. B. Asinipedes

A conquista do azoto[*]

Quando o roceiro, recolhido o milho, deixa a "palha" em pousio por alguns anos, em obediência à rotina que lhe ensinou o pai, e a este o avô, está praticando a mais sábia das adubações. O rebrotar da capoeira e o acamar das folhas maduras em lenta decomposição num ambiente de umidade sombria determinam um estado de solo muito propício à proliferação dum microrganismo dotado da preciosa faculdade de fixar o azoto da atmosfera em nódulos, como verrugas, esparsos pelas raízes das plantas.

Isto sabe-se hoje, embora a prática do pousio seja imemorial na história da agricultura. Por que e como se fertiliza a terra com o repouso? Competia ao laboratório decifrar o segredo – e só agora o faz.

As velhas teorias clássicas vindas de Liebig até nós e cristalizadas em dogmas científicos – ou pelo menos da ciência oficial – deixavam inexplicadas muitas particularidades atinentes à nutrição dos vegetais.

Uma terra, dosada com rigor de todos os elementos químicos que a análise revela na composição duma planta, não a nutria a contento. Algo imponderável escapava à balança do químico. O microscópio o desvendou – e o estudo da nutrição vegetal envereda por diretrizes novas, já prenunciadas como fecundíssimas em auspiciosas conseqüências.

* Este texto não consta da 1ª edição de 1919, foi incluído por Monteiro Lobato na edição de 1946. Nota desta edição.

As maiores revoluções da humanidade não são obra das chacinas tremendas que avermelham as páginas da História, mas duma aparentemente insignificante descoberta científica, operada as mais das vezes por acaso no remanso dum humilde laboratório.

Quando no Colégio Real de Apperley Bridge, na Inglaterra, o professor de botânica Bottomley (nome bem-fadado: *bottom*, "fundo", "base"; *ley*, "lixívia") descobriu o *Pseudononus radicicula*, nome da bactéria captadora do azoto atmosférico, é de crer tenha dado forte guinada no leme, norteando a humanidade para rumos não sonhados por nenhum utopista.

A agricultura, quando não mais dispõe de terras virgens, vê-se a braços com a contingência de restituir ao solo pela adubação o que lhe foi retirado pelas colheitas. É o caso europeu. A terra cansada por um cultivo de séculos restaura-se à custa do nitrato de soda chileno e dos depósitos de guano do Pacífico. Mas tais jazidas, por abundantes que sejam, vêem aproximar-se o fim. Na previsão disso deu William Crookes um brado de alarma: o esgotamento do nitrato será a fome no globo, se a ciência não deparar ao homem nova fonte de azoto barato.

É o que parece ter feito Bottomley. Para felicidade do mundo, enquanto metade dos sábios escavaca a mioleira no encalço de picratos terribilíssimos, para apuro da arte de bem matar, outra metade devassa os arcanos da natureza, no afã de construir a arte de bem viver.

Bottomley fecha um ciclo de investigações iniciado pelo professor Thompson, o qual conseguiu captar por meio da corrente elétrica o azoto do ar atmosférico. Nem sempre as soluções científicas são também comerciais. A de Thompson, por onerosa, está por enquanto nos domínios do laboratório apenas. Mas a solução de Bottomley parece tudo atender às mil maravilhas.

Em vez de adubar o solo, processo lento, pesado e caro, basta inocular a semente com o vírus da fertilidade. Caída na terra, a semente contaminada pela bactéria nitrogênica germinará em meio duma cultura microbiana de vulto progressivo e promotora da assimilação do azoto do ar em quantidade propícia à plena exuberância da planta.

Não está desvendado o mecanismo desta assimilação. Há opiniões. Força catalítica para uns, digestão de gás para outros. Pouco importa. O que nos aproveita é conhecer o meio de fixar o azoto por um processo biológico barato e automático – o que parece resolvido pelas experiências do professor inglês. Já o Departamento da Agricultura dos Estados Unidos distribuiu milhares de quilos de sementes inoculadas, e diz-se que os resultados excedem à expectativa.

A adubação verde pelo enterramento de leguminosas, cujas raízes são o habitáculo natural do microrganismo nitrogênico, era uma apalpadela no escuro que agora se aclara.

São intuitivas as vantagens decorrentes da descoberta inglesa. Pela supressão do adubo caro, diminuição do transporte, eliminação da tarefa de adubagem e outros óbices encarecedores da produção, esta se incrementará, com melhor margem de lucros.

Para o Brasil o seu valor é imenso. Nossas condições não permitem a lavoura mecânica nem a adubação química à européia. Quem moureja na lavoura sabe dos obstáculos tremendos opostos à chamada agricultura racional. Os inspetores agrícolas e mais poetas pululantes no viveiro das Secretarias e do Ministério da Agricultura esbofam-se na guerra santa contra a rotina, ansiosos pela implantação definitiva do "sistema racional" – ciência *versus* rotina. Mas rotina nem sempre é irracionalismo.

As mais das vezes quer dizer o conjunto de noções hauridas duma longa série de experiências no local, transmitidas religiosamente de pais a filhos. E "cultura racional" entre nós não passa de cópia servil do que se faz no estrangeiro, sem as cautelas duma sábia adaptação. Quem se guia pela rotina sempre salva o seu lucrozinho e vai indo para a frente, embora devagar. Os que se metem pelo racionalismo preconizado e ensinado pelos nossos poetas agrícolas e mais sereias ministeriais, coitadinhos, acabam freqüentemente auscultando a boca dum cano de revólver.

Há umas tantas coisas sobre que a Praia Vermelha nunca lançou o seu olho sonolento de Ceres burocrática – ou então pula por cima.

Há, por exemplo, o Toco, inimigo da relha do arado; há o Morro, inimigo do tratar do arado; há o pessoal agrícola, inimigo da rabiça do arado. Há a especulação comercial, inimiga do baixo preço do arado. Há a nossa eterna fraqueza econômica, inimiga da aquisição de qualquer espécie de arado.

Apesar do berreiro do Kalisyndicat e dos momos de escárnio dos poetas agrícolas, unânimes em acoimá-lo de atrasado, o lavrador sabe a história do adubo químico aqui impingido, sabe-lhe o preço escorchante, sabe como o falsificam e desnaturam os industriais sem escrúpulos. E conhecendo a fundo a Praia Vermelha, reconhece-lhe o direito de esvair-se em conselhos, boletins, revistas, cartazes etc.; mas zela pelo dever correlato de os não seguir, nem ler, nem pousar os olhos nos cartazes. Limita-se, quando lhe chegam em casa tais papéis, a pendurá-los em certo ganchinho.

Conhece também o crédito agrícola; sabe dos banquinhos com dinheirinhos a 12% mais a comissão, com uma quebra fraudulenta no meio do ano.

Conhece a parola governamental das mensagens, das plataformas, dos programas; a farragem dos chavões, enunciados papagaialmente pela boca dum Hermes, dum Venceslau ou dum Nilo, no fundo das quais o que há realmente é sempre uma taxa nova, ou uma sobretaxa, ou um novo imposto adicional ou sobre-adicional. A velha noção que o lavrador tem do governo é a de um formidoloso tubarão com falas de sereia e dentes de piranha. E o governo estadual é um subtubarão com igual dentuça.

Comem-lhe ambos todo o resultado do seu trabalho na terra. Comem-lhe a pipoca – deixam-lhe só o piruá. Sobrou piruá? Hum! As municipalidades o descobrem e lá vêm com os seus impostozinhos de percevejo, suas taxazinhas sobre os cafeeiros, suas aferiçõezinhas de carros – e mais mordidelas de pulga magra.

Ora, com tantos e tais sócios forçados, com tanto morro, tanto toco, tanta formiga, tanto curuquerê, tanta lagarta-rosada, tantas "vaquinhas" e ratos-do-mato e tatus e mais mimos tropicais, não sobra ao lavrador margem nenhuma de lucros possibilizadores da inicialmente cara "agricultura racional".

Por esta razão os três cereais que o país produz em grande, e de que se alimenta, feijão, milho e arroz, são extraídos da terra pelos velhos processos herdados dos avós. Em pequena escala, nos vales ou chapadões desembaraçados, o arado já entrou

– não em virtude do sermonário oficial, mas porque um certo número de circunstâncias favoráveis o indicaram como redutor de despesas.

No mais, vai a lavoura revezando suas terras, remoçando-as pelo pousio; e quando de todo gastas, saltando para adiante, rumo ao sertão. E embora já existam vastas regiões dessoradas, onde só medra a barba-de-bode, o sapê e a samambaia, nosso problema alimentar ainda não preocupa ninguém. Ora, ora! Somos 25 milhões de bocas em cima de mais de oito milhões de quilômetros quadrados.

Não obstante, o arroz está a 800 réis o quilo e o trabalhador da roça ganha 1.600 réis por dia de doze horas, a seco – e tem mulher e filharada em casa. Eis por que a descoberta de Bottomley assume para nós importância de vulto.

Caso se confirme plenamente, permitir-nos-á um pulo por sobre o estágio europeu da adubação química, para cair já na fase nova em que parece vai entrar a agricultura do mundo. Parece...

Os países vivos já estão de orelha em pé, estudando o novo caminho; nos Estados Unidos já se distribuem sementes inoculadas com o *Pseudononus radicicula* – o abençoado bichinho. Aqui a linguagem oficial da Praia Vermelha continua no cantochão aberimbauado de toda vida.

Abra quem quiser as mais recentes publicações do Ministério. Nada do *Pseudononus*. O que lerá é: "Cultura da abóbora. Ara-se a terra com um arado de disco número tal, destorroa-se com o destorroador tal, gradeia-se com a grade tal; aduba-se com tantas toneladas de fosfato de cal, mais tantas de potassa e mais uns quilos de pó de ouro. Planta-se então com a plantadeira tal, colhe-se com o colhedor tal e puxa-se com caminhão de tal marca etc.".

O "etc." quer dizer: e o lavrador, depois de entregar a fazenda aos credores, dá um tiro no ouvido com o revólver tal ou vai cavar um empreguinho de mata-mosquito no Rio de Janeiro.

Não há maior beleza do que fazer agricultura em papel do governo, no sossego duma repartição pública dotada de bons ventiladores, com 700 mil-réis no fim de cada mês e a *Encyclopedie Agricole* de Baillière et Fils ali à mão para consultas.

O que nos salva é ser o país analfabeto – e haver o ganchinho...

Bibliografia selecionada sobre Monteiro Lobato

DE JECA A MACUNAÍMA: MONTEIRO LOBATO E O MODERNISMO, de Vasda Bonafini Landers. Editora Civilização Brasileira, 1988.

JUCA E JOYCE: MEMÓRIAS DA NETA DE MONTEIRO LOBATO, de Marcia Camargos. Editora Moderna, 2007.

MONTEIRO LOBATO: INTELECTUAL, EMPRESÁRIO, EDITOR, de Alice M. Koshiyama. Edusp, 2006.

MONTEIRO LOBATO: FURACÃO NA BOTOCÚNDIA, de Carmen Lucia de Azevedo, Marcia Camargos e Vladimir Sacchetta. Editora Senac São Paulo, 1997.

MONTEIRO LOBATO: VIDA E OBRA, de Edgard Cavalheiro. Companhia Editora Nacional, 1956.

MONTEIRO LOBATO: UM BRASILEIRO SOB MEDIDA, de Marisa Lajolo. Editora Moderna, 2000.

NA TRILHA DO JECA: MONTEIRO LOBATO E A FORMAÇÃO DO CAMPO LITERÁRIO NO BRASIL, de Enio Passiani. Editora da Universidade do Sagrado Coração/Associação Nacional de Pós-Graduação em Ciências Sociais, 2003.

NOVOS ESTUDOS SOBRE MONTEIRO LOBATO, de Cassiano Nunes. Editora Universidade de Brasília, 1998.

REVISTA DO BRASIL: UM DIAGNÓSTICO PARA A (N)AÇÃO, de Tania Regina de Luca. Editora da Unesp, 1999.

UM JECA NAS VERNISSAGES, de Tadeu Chiarelli. Edusp, 1995.

VOZES DO TEMPO DE LOBATO, de Paulo Dantas (org.). Traço Editora, 1982.

Sítio eletrônico na internet: www.lobato.com.br
(mantido pelos herdeiros do escritor)

*Este livro, composto nas fontes Electra LH, Rotis e Filosofia, foi
impresso em papel pólen soft 80 g/m² na Imprensa da Fé Gráfica e Editora.
São Paulo, Brasil, outubro de 2009.*

Conferênci

Georgismo e Comu

América

eratura do Minaret

déias de Jeca Tatu

Crônicas urup

Mr. Slan

ras notas Problema

Zé Brasil Crônicas

Perê: Resultado de um

A Onda Verde Car

Miscelâne

Ferro

O Presidente N

Opiniões Na Antevés

Voto Secreto Fragmento

Jeca Tatu Prefácio

A Barca de Gley

Macaco que se fez Homer

imposto u

NEGRINHA

Entrevistas Cartas Escolh

alo do Petróleo Cartas de Amo